Marco Ulpio Traiano Imperatore

Le Guerre Daciche
(*Commentarii de bello Dacico*)

**Introduzione, ricostruzione del testo latino,
traduzione italiana e note a cura di**
MIRKO RIZZOTTO

Testo latino a fronte.
Prefazione di Federico Reggio

pe

Primiceri Editore

2020 Tutti i diritti riservati.
Finito di stampare nel mese di settembre 2020
presso Rotomail Italia Spa – Vignate (MI)
per conto di Primiceri Editore Srls
Via Savonarola 217, 35137 Padova
Prima Edizione
ISBN 978-88-3300-203-3
www.primicerieditore.it

Copertina illustrata da Ivan Zoni

Prefazione

Alcune considerazioni su vero storico, vero poetico, scelta e argomentazione in margine al *"De bello Dacico"* di Mirko Rizzotto.

Fra i crucci più grandi che possono capitare agli appassionati di Storia e, più in generale, a quanti cercano di conoscere le proprie origini e le proprie radici culturali, va senz'altro annoverato il prendere coscienza di quante opere, storiche e letterarie, siano andate perdute. Quanto in più avremmo potuto sapere, quante lacune colmare, quanti dubbi fugare grazie ad esse, ed invece se ne conosce solo *de relato* l'esistenza, e, nei casi più fortunati, se ne conoscono frammenti.

Talora questi frammenti sono sufficienti a consentire, grazie a sapienti opere filologiche, una ricostruzione, o comunque l'accesso a segmenti testuali importanti. In altri casi, invece, tutto ciò che si può fare sembra essere il constatare l'impossibilità di accedere ai contenuti di un'opera andata perduta, a meno che non ci si voglia rivolgere alla fantasia. L'opzione, in altri termini, è quella di cercare di immaginare i possibili contenuti di quell'opera, possibilmente basandosi sulle notizie che pervengono da fonti successive, e sul *id quod plerumque accidit*.

Sorge però spontanea la domanda: chiarito che siamo fuori dall'ambito della filologia in senso stretto, in questo caso siamo di fronte ad un'opzione puramente letteraria – come avviene nel caso di romanzi ad ispirazione storica, ma di pura invenzione – o tale scelta può rispondere ad un significato anche storiografico? E, se sì, a quali condizioni? La domanda va al cuore dell'operazione tentata da Mirko Rizzotto con il suo *De Bello Dacico*, che rappresenta il coraggioso tentativo di consegnarci una plausibile ipotesi di (ri)costruzione dei contenuti di un'opera andata perduta.

3

Nella cultura italiana, uno dei casi più noti di riflessione dedicata al problema sopra esaminato è ravvisabile nel dilemma che colpì Alessandro Manzoni ad un certo punto della sua attività letteraria, portandolo ad investigare il rapporto fra *vero storico* e *vero poietico*, e quindi a porre in questione la legittimità di un'operazione letteraria ambientata in un contesto storico ma non assistita, sul piano contenutistico e filologico, dai caratteri che rendono l'opera stessa "storiografia" in senso stretto.

Su questo Manzoni ebbe modo di dialogare intensamente con Antonio Rosmini e tracce del confronto fra il letterato e il filosofo sono rinvenibili non soltanto in forma diretta (la seconda parte delle *Osservazioni sulla morale cattolica*; il dialogo *Dell'invenzione*, l'abbozzo *Del piacere*) bensì riscontrando l'influenza del pensiero rosminiano su profili filosofico-morali e linguistici della produzione matura di Manzoni[1]. Come è stato infatti ricordato, "in principio vi è la *Lettera allo Chauvet* (1820). In essa l'autore aveva fondato la sua visione estetica sul concetto di 'vero storico', concepito come elemento fondante di quello 'poetico', e quindi come cardine dell'arte. L'artista, con la sua attività, si pone quindi come il

---

[1] Cfr., sul punto, per una prima disamina, A. Sgroi, *L'amicizia più fraterna: Manzoni e Rosmini*, in "Campi immaginabili", 40-41, 2009: scrive l'autore: "Nel contesto della concezione estetica di Manzoni e Rosmini, oltre al fitto epistolario e alle testimonianze coeve, alcuni testi hanno un'importanza speciale. Anzitutto lo scritto rosminiano *Saggio sull'idillio e sulla nuova letteratura italiana*, edito nel 1827, che si colloca in una posizione intermedia all'interno dell'arco cronologico segnato da una parte dalla *Prefazione al Carmagnola* e dalla lettera *Sul romanticismo* (1823), dall'altra dalla dissertazione *Del romanzo Storico*, per giungere infine ai dialoghi *Dell'invenzione* e *Del Piacere*" (p. 151). Per una rassegna di opere rilevanti ai fini della ricostruzione del dialogo fra Manzoni e Rosmini: Cfr. A. Manzoni, *Lettre à M. Chauvet*, in A. Manzoni, *Opere varie*, Milano, Stabilimento Redaelli, 1870, 2ª edizione, pp. 409-472; Cfr. A. Rosmini, *Saggio sull'idillio e la nuova letteratura italiana*, in *Opuscoli filosofici*, Milano, Pogliani, 1827, vol. I, pp. 301-406. Rist. Milano, Guerini e Associati, 1994; A. Manzoni, *Lettere*, a cura di C. Arieti, Milano, Mondadori, 1970, vol. VII, pp. 315-345; A. Manzoni, *Del romanzo storico* [1845], in *Opere*, a cura di R. Bacchelli, Milano-Napoli, Ricciardi, 1953, pp. 1053-1114.

mediatore tra 'invenzione' e 'riflessione'. Egli è, insomma, un demiurgo che plasma il 'materiale' rintracciabile nel grande serbatoio della verità storica"[2].

Alla base della convergenza Rosmini-Manzoni, v'è l'idea per la quale non vi sia necessariamente una scollatura fra *vero storico* e *vero poetico*, bensì questi ultimi rappresentino due diversi modi di rapportarsi con un concetto più ampio di verità, che non è concepito in antitesi con la *poiesi* letteraria.

É un aspetto difficile da cogliere oggi, dopo che il tardo Novecento ha posto fortemente in discussione il tema stesso della verità, e con esso la possibilità di relazione fra l'artista e la verità[3], come si è reso visibile, in senso generale, nel contesto della svolta post-moderna[4], nel cui *milieu* non è difficile ricondurre l'arte a introspezione, denuncia, paradosso, domanda, ma raramente essa appare destinata a rapportarsi con il tema della 'verità' (se ancora di

---

[2] Cfr. A. Sgroi, *L'amicizia più fraterna: Manzoni e Rosmini*, cit., p. 160.

[3] Il tema è amplissimo e richiederebbe ben altro spazio, ma non si può dimenticare di citare alcune riflessioni di un certo rilievo, emerse nel primo Novecento. Partendo dall'idea che nell'opera d'arte – di qualunque natura – vi sia un enigma da decifrare, e che tale de-criptazione spetti all'estetica e, più in generale, alla filosofia. Martin Heidegger, su *L'origine dell'opera d'arte* ha nobilitato l'idea di "*poiesis*" come produzione, come forma di "*logos* privilegiato", sicché la verità suprema da disvelare è dentro l'opera stessa e si fa evento, come una scossa, *Stoss* ("urto"), con la "messa in opera della verità"(M. Heidegger, *Der Ursprung des Kunstwerkes*, 1935 trad. it. di P. Chiodi, *L'origine dell'opera d'arte*, in Id, *Sentieri interrotti*, 1950., La Nuova Italia, Firenze 1984, pp. 56-61). L'enigma da decifrare è una premessa assunta anche da Adorno, che fu anche musicologo, ma la sua interpretazione va più nel senso di considerare la 'verità' dell'arte come incommensurabile rispetto al 'vero filosofico', spostando l'attenzione sul 'messaggio dell'artista'. Cfr. T. W. Adorno, *Asthetiche Theorie*, trad. it. a cura di E. De Angelis, *Teoria estetica*, Einaudi, Torino, 1975, e, per un commento a tal riguardo, P. Pellegrino, *Teoria critica e teoria estetica in Th. W. Adorno*, Argo, Lecce 2004, pp. 116 e ss.

[4] La letteratura sul punto è vastissima, per cui mi limito a citare due luoghi notevoli, a titolo puramente esemplificativo: J.F. Lyotard, *The Postmodern Condition: A Report on Knowledge*, Minneapolis: University of Minneapolis Press 1984; Z. Bauman, *Intimations of postmodernity*, Routeledge, London New York 1992.

verità si può parlare) se non in termini difettivi e soggettivistici[5]. Anzi, v'è da chiedersi se possa ancora avere un senso la ricerca, nella *koinonia* umana, di un punto di sintesi fra *vero storico* e *vero poietico*, o se invece non sia un aspetto divenuto ormai estraneo alla cultura contemporanea.

Per Rosmini e Manzoni, invece, occorreva rinnegare "l'edonismo superficiale e artefatto dei classicisti, sostituendovi l'onesto piacere che solo la contemplazione di una realtà con cui l'uomo si è riconciliato può garantire. Anche per loro, dunque, la 'verisimiglianza' deve essere la qualità essenziale della nuova letteratura, coniugata strettamente alla 'bellezza' e alla 'facilità' ma dotata di una funzione non avulsa da una ricerca del vero"[6]. Ciò vale ancor più per la '*poiesis*' riguardante la letteratura che si rivolge al dato storico, nel quale la riflessione manzoniana riporta l'argomentazione letteraria ad una funzione, per usare termini aristotelici, *antistrofica* e non *antitetica* al rigore dialettico del pensare filosofico. L'*inventio* e l'argomentazione non sono considerate, in quest'ottica, strumenti puramente estetici, né, nello stile della sofistica, 'armi' nelle mani di un persuasore che mira ad ottenere il convincimento del suo ascoltatore, facendo del consenso un mero fatto psicologico e non già, come direbbe Vico, una *conscientia* intesa come '*cum alio verum noscere*'[7].

---

[5] Non va trascurato il tema della riproducibilità tecnica come altamente influente sull'imporre alla *poiesis* una svolta prospettica, come evidenziato in W. Benjamin, *Das Kunstwerk im Zeitalter seiner technischen Reproduzierbarkeit*, 1955, trad. it. a cura di E. Filippini, *L'opera d'arte nell'epoca della sua riproducibilità tecnica*, Einaudi, Torino 1997.

[6] Cfr., nuovamente A. Sgroi, *Manzoni e Rosmini*, cit., *passim*.

[7] Sulla rivalutazione della retorica nel contesto della riflessione vichiana, con uno stretto legame fra profili gnoseologici e filosofico-pratici, ivi compresi quelli giuridici, mi permetto di rinviare alla rilettura proposta in F. Reggio, *Il paradigma scartato. Saggio sulla filosofia giuridica di Giambattista Vico*, Primiceri, Padova 2018. Sulla *argumentative turn* novecentesca, e sulla differenza fra una retorica volta al convincimento come "fatto psicologico" contrapposta ad una retorica

Concetto chiave, in tutto ciò, è il *verisimile*, che non è contraffazione del vero, ma, argomenta Rosmini, "ciò pel quale coloro a cui il poeta si volge, intendano subitamente, per l'interiore natura della cosa cantata dal poeta, che quella verità che dalle cose egli liba e sfiora è realmente nelle cose, non è il parto di sregolata immaginazione"[8].

Appare fondamentale, per comprendere una simile idea di verosimile, rivolgersi ad Aristotele, e al concetto di *eikòs*, che lo Stagirita, nella *Poetica*, distingue ma non contrappone antiteticamente alla verità[9]. A nostro avviso ciò che consente all'*eikòs* di conservare una relazione feconda con il vero è il convergere di due profili, uno soggettivo-attitudinale, uno, per così dire, oggettivo-materiale: il primo consta nell'attitudine dell'autore di porre il suo discorso nell'alveo della plausibilità, e di mettere se stesso e la sua opera in condizione di non essere pure invenzioni o contraffazioni, attraverso opportune ricerche ed attività di selezione di fonti, informazioni e contenuti. Tale attitudine può rendersi visibile anche attraverso il diretto argomentare dell'autore, che, dando conto della propria scelta circa determinati contenuti, rende noto secondo quale percorso egli ritenga che vi siano fondate ragioni per averli selezionati. Sul piano oggettivo-materiale, poi, operano i contenuti, i quali, posti sul piano dell'*id quod plerumque accidit*, certamente non ci dicono che le cose sono 'realmente accadute così in quel contesto *cronotipico*', però si connettono strettamente ad un

---

fondata su un ragionamento rigoroso, rinvio alle ampie considerazioni proposte in: F. Cavalla (a cura di), *Retorica, processo, verità*, FrancoAngeli, Milano 2008 e in F. Cavalla, *L'origine e il diritto*, FrancoAngeli, Milano 2017. Esse, pur a partire da una riflessione sul diritto, hanno portata filosofica generale sul tema dell'argomentazione e del suo rapporto con la verità.

[8] A. Rosmini, *Saggio sull'idillio e sulla nuova letteratura italiana*, cit., p. 307.

[9] La ripresa di questo concetto con riferimento anche alla letteratura fu molto marcata a partire dall'umanesimo, come evidenziato analiticamente in G. Alfano, *Sul concetto di verisimile nei commenti cinquecenteschi alla Poetica di Aristotele*, in "Filologia&Critica", 2001, pp. 187-209.

profilo conoscitivo e metodologico rispetto al quale ciò che, paradossalmente, appare inverosimile va rigettato in quanto non plausibile all'esito di un vaglio argomentato[10].

In questo senso, la ricerca dell'*eikòs* rappresenta comunque uno sforzo di argomentabilità, di raffronto con l'esperienza, di verifica di sensatezza che eleva l'attività poietica oltre il piano del "qualsiasi contenuto" e la costringe ad un'attività di ricerca, selezione e argomentazione delle "migliori ragioni" a fondamento di una scelta[11]. Ciò, per lo meno come struttura, assomiglia a quella ricerca e argomentazione che innerva, per l'uomo classico, il rapporto fra il limite umano e la verità: esso si sostanzia nella presa di coscienza – di cui i classici sono latori, da Socrate ad Agostino, passando per Cicerone – che nella strutturale indigenza di verità cui l'essere umano è consegnato, compito specifico dell'uomo è cercare una verità che, *innegabile* nella sua esistenza, è peraltro *inobiettivabile* nei suoi contenuti[12].

Qui il filosofo, il filologo e il poeta possono trovare un terreno di incontro e – per richiamare Giambattista Vico – il vero degli Eroi, dei Poeti e dei Filosofi possono convergere, pur nella diversità dei linguaggi e dei mezzi adoperati, perché sono terreno di un ideale e problematico incontro fra filologia e filosofia, fra pensiero e azione,

---

[10] Come è stato osservato, il "verisimile è una forma di connessione fra fenomeni, che, sorta nell'esperienza stratificata nel tempo, anticipa in qualche modo l'esperienza, rendendola intelligibile, alla maniera in cui l'universale illumina e rende chiaro il particolare. Il verisimile, ovvero la generalizzazione secondo il senso comune che si condensa nella regola di esperienza, può essere compreso alla luce del rapporto fra l'universale e il particolare, ove universale è la regola di esperienza che si è formata in relazione alla totalità dei casi e particolare la singola situazione concreta" (S. Fuselli, *Ragionamento Giudiziale e sillogismo*, in F. Cavalla, *Retorica, processo, verità*, Cedam, Padova 2007, p. 151).

[11] Rinvio, sul punto, a W. Slob, *Dialogical Rhetoric. An Essay on Truth and Normativity after Postmodernism*, Kluwer, Antwerp 2002.

[12] Richiamo, *amplius*, le riflessioni su *scientia e sapientia* proposte, rileggendo il pensiero di Agostino, in F. Cavalla, *Scientia, sapientia ed esperienza sociale*, Cedam, Padova 1974.

fra *poiesis* e *praxis*. Sono, ambedue, ambiti nei quali si 'invera' una ricerca umana, una riflessione su fatti umani: aspetto che, per l'Autore de *La Scienza Nuova*, è il profilo per eccellenza al quale l'uomo deve rivolgere il suo sforzo conoscitivo[13]. Infatti, se davvero la poesia, per richiamare nuovamente Aristotele, ha ad oggetto non il *reale* ma il *possibile*, anche il mondo dell'argomentazione ha ad oggetto discorsi possibili, e quindi implica la questione riguardante l'argomentare come sforzo di cercare 'il migliore discorso possibile' e non già di performare un discorso qualsiasi.

Cosa accomuna, quindi, il verosimile e la ricerca del vero in quest'ottica? La ricerca e la buona argomentazione circa le scelte compiute. La non aleatorietà dei contenuti, che, pur 'disponibili' all'autore, non vengono considerati oggetto di una sua volontà potestativa, quanto, piuttosto, di un suo sforzo di conoscenza e condivisione[14].

---

[13] E' un aspetto tematizzato da Vico già nel *De Antiquissima Italorum Sapientia*, a partire da considerazioni gnoseologiche: *Omne quod homini scire datur, ut et ipse homo, finitum et imperfectum* (G. B. Vico, *De nostri temporis studiorum ratione*, in G.B. *Vico, Metafisica e Metodo*, Bompiani, Milano 2008, p.58). Il tema fu ripreso e rielaborato nella *Scienza Nuova*: qui Vico – tenendo fermo che la conoscenza piena del mondo (in senso fisico) appartiene solo a "Dio ottimo massimo" – afferma che due conoscenze sembrano proprie dell'uomo (almeno sul piano della *scientia*): quella tipica del sapere geometrico (che però si basa su astrazioni convenzionali, e dunque istituisce la sua certezza sulla coerenza, rimanendo tuttavia un sapere astratto), e quella della storia, che, appunto è "fatta dagli uomini" e trova nel modo di essere dell'uomo i suoi "moventi". Di qui uno dei motori fondamentali dell'ultima, definitiva speculazione vichiana: "ritruovare nella mente umana i principi della storia civil delle nazioni"(G. B. Vico, *La Scienza Nuova, edizione del 1725*, in G.B. Vico, *Opere*, Mondadori, Milano 2000, pp. 1000-1001).Cfr., per un approfondimento mirato, U. Galeazzi, *Ermeneutica e storia in Vico. Morale, diritto e società nella Scienza Nuova*, Japadre, Roma-L'Aquila 1993.

[14] Questo vale anche nel contesto delle dinamiche emozionali ed intellettuali soggiacenti all'esperienza estetica, sia nell'ambito della sua produzione che della sua fruizione. Come osserva Franco Chiereghin, "La cecità dell'intuizione individuale necessita dei significati elaborati dalla capacità di categorizzare, così come la capacità di categorizzare girerebbe a vuoto senza i contenuti offerti dall'intuizione e l'intelligenza pratica resterebbe condannata all'inerzia se l'energia impulsiva non le

E' così che un'opera, pur onestamente dichiarata 'di fantasia', come nel caso del *De Bello Dacico* di Mirko Rizzotto, esce dal piano dell'attività puramente estetica e fantastica, e si inscrive nell'alveo di una ricerca storica che, se non ci restituisce l'opera di Traiano sul piano del 'vero storico', peraltro ci connette con quella singolare 'storia', sia sul piano del 'vero poetico' sia nel consentirci di accedere ad una conoscenza del contesto storico nel quale quell'opera era ambientata.

In questo senso, sembra opportuno chiedersi se non sia opportuno introdurre una ulteriore distinzione: esiste una differenza – sul piano sia culturale che conoscitivo – fra un'opera letteraria di fantasia ambientata in un contesto storicamente plausibile, ed un'opera di fantasia che ambisce a ricostruire possibili contenuti di un testo andato perduto? È legittimo considerare su piani diversi i due risultati?

Si può ipotizzare, in via del tutto provvisoria, che vi sia una differenza fra una storia di fantasia inserita in un contesto storicamente plausibile, e un'operazione di poiesi letteraria volta ad immaginare plausibilmente i contenuti di un'opera andata perduta: nel primo caso la ricostruzione storica costituisce una cornice, e quindi assurge ad una funzione "ambientativa"; nel secondo, invece, ci troviamo di fronte a un tentativo di operare in modo poietico sulla ricostruzione di una vicenda storica, e quindi la ricostruzione storica stessa, per quanto "di fantasia" non si limita alla funzione di ambientazione, ma costituisce l'oggetto stesso dell'attività dell'autore. Questa differenza può incidere anche sul metodo e sull'attitudine di chi scrive, dal momento che lo sforzo circa la plausibilità di una determinata ricostruzione non riguarda più un profilo "di cornice", bensì l'oggetto dell'opera di scrittura.

---

venisse in soccorso a partire dal suo fondo cieco e sfornito di senso"(F. Chiereghin, *Emozione, comprensione e azione nell'opera d'arte*, in "Verifiche" 1-3/2011, pp. 64-121, qui p. 68).

In questo senso l'operazione di selezione ed argomentazione che l'autore deve compiere per mantenere il suo verosimile scevro dal rischio di risultare un'operazione puramente fantasiosa, è rafforzato, e, in un qualche modo, richiede che la sua attività argomentativa si incentri sulla ricerca delle *best reasons* di cui può disporre, compatibilmente con le circostanze e le conoscenze disponibili. Per restare sul parallelismo con Manzoni, un conto è l'ambientazione de *I Promessi Sposi*, un conto è la *Storia della Colonna infame*, nella quale il radicamento ad un fatto storico risulta più stretto e cogente.

Su queste basi, allora, il *De Bello Dacico* di Rizzotto, è un testo, ma anche un *ipertesto*, dal momento che ogni sua parte è il precipitato di scelte operate selezionando fra contenuti disponibili: il suo argomentare non opera né sul piano dei discorsi *impossibili* né tampoco su quello dei discorsi *necessari* ma nel mondo dei discorsi *possibili*, rispetto ai quali più opzioni necessariamente convivono: quindi, le scelte compiute, fra un discorso e l'altro, e le ragioni ad esse soggiacenti, assumono importanza centrale, così come le argomentazioni volte a spiegarle.

La sfida raccolta da Rizzotto, pertanto, è simile alla sfida che impegna ogni retore quando sa che redige un discorso possibile e deve convincere il suo uditorio che esso è ben più che una mera opzione soggettiva. Lo sforzo di ricostruzione circa fatti e connessioni è al centro della sua riflessione e della sua argomentazione[15].

Vi è, un aspetto ulteriore rispetto al quale l'iniziativa di Mirko Rizzotto fa riflettere, ed esso riguarda l'attualità e il messaggio sottostante all'opera *Del Bello Dacico*. Si potrebbe obiettare, ad esempio, che, al di là di curiosità storiche, parlare della guerra di

---

[15] Mi richiamo alle considerazioni proposte, sul punto, in F. Cavalla, *Retorica giudiziale, logica e verità*, in F. Cavalla (a cura di), *Retorica, Processo, Verità*, Cedam, Padova 2005, pp. 2-100.

Traiano in Dacia è, comunque, dedicare attenzione ad un insieme di fatti violenti, drammatici, alla storia dell'inizio di una dominazione di una cultura su un'altra, di un mondo su un altro. Potrebbe risultare poco *politically correct*, oggi come oggi, lanciarsi ad ipotizzare la storia dell'avvio di una dominazione, avvenuta in modo drammatico e sanguinario, come del resto accade nelle continue guerre che costellano la storia dell'umanità.

Tuttavia, al di là di questo profilo, che certamente non è celebrato da Rizzotto, ma descritto verosimilmente, occorre pure sempre considerare che tale evento storico è avvenuto ed è stato un passaggio fondamentale per l'identità culturale della Dacia, e poi della Romania.

Lo si può guardare, oggi, pensando alla sfida dell'incontro fra culture, ai modi in cui ciò può avvenire, e come esso può tradursi anche in arricchimento reciproco. Ciò vale soprattutto oggi, in cui forte è ancora il contatto culturale fra Italia e Romania, non più con forme violente e imposte di colonizzazione, ma con altre forme di incontro fra popoli, non solo migratorie, ma anche nate tramite la ricerca di opportunità di lavoro e di futuro, e grazie alle quali si è creata in Italia una comunità rumena molto rilevante ed integrata, e, assieme ad essa, un sempre più frequente fenomeno di unioni familiari italo-rumene.

Guardare ad un momento storico che ha intrecciato, nella *romanitas*, la lingua e la cultura di diversi popoli, diviene quindi occasione per riconnettersi con una radice che, a prescindere da come essa abbia attecchito sul terreno della storia, è produttiva di frutti visibili ancor oggi. In questo senso, la domanda che la rilettura di questa vicenda storica reca in sé interroga l'umanità di ogni tempo: come rapportarsi con il patrimonio di connessioni, vicende e riflessioni che la storia consegna – anche quando riletta con gli occhi di una disciplinata fantasia – ancor più oggi, in un momento nel quale l'Europa guarda ancora con difficoltà alle ragioni che sorreggono il suo costituirsi come entità politica, giuridica, culturale.

Federico Reggio[*]

---

[*] Università degli Studi di Padova, *Dipartimento di Diritto Privato e Critica del Diritto*.

Le Guerre Daciche di Traiano

La guerra contro la Dacia, paese dotato di ricche miniere d'oro e d'argento e da sempre una spina nel fianco per la sicurezza delle province danubiane, poteva aiutare Traiano nei suoi intenti.

I Daci erano conosciuti da tempo dai Greci con il nome di Geti, con cui avevano da secoli intrattenuto floridi commerci a nord del Danubio; i Daci non erano inizialmente una nazione unita, divisi in clan e tribù spesso in guerra fra loro e la cui società, divisa fra aristocratici (detti "pileati", distinguibili dal caratteristico cappello di feltro, il *pileus*) e comuni guerrieri (i "comati", caratterizzati da folte chiome), che riconoscevano la superiore autorità morale dei sacerdoti del dio Zamolxi, a cui erano dedicati numerosi templi, specie nella città fortificata di Sarmizegetusa.

Come giustamente sottolinea Philip Matyzak, i Daci non meritavano l'appellativo di barbari, data la loro sofisticata conoscenza dell'architettura, della lavorazione dei metalli e per lo sviluppo di una classe di mercanti che erano soliti trattare da pari a pari con i loro omologhi greci e romani(1).

Nemici storici dei Daci erano i Bastarni, popolazione di stirpe germanica e sarmata, migrata a nord del Danubio dalla regione baltica intorno al 200 a.C.,(2) ma data la tendenza ad espandersi dei Daci, guidati da re Orole, si ebbero diversi scontri anche con i Dardani e i Romani, che nel II secolo a.C. stavano estendendo la loro influenza fin sulla sponda opposta del mar Adriatico; ma le divisioni e le lotte intestine tennero disunita la Dacia fino alla comparsa, negli anni Settanta del I secolo a.C. di un leader dalla personalità eccezionale, di nome Burebista(3).

Burebista riunificò le varie tribù fino ad allora disunite, riorganizzò l'esercito nazionale dacico e guidò il suo popolo alla massima espansione mai raggiunta. Sconfisse i Bastarni e i Galli Boi, quindi organizzò una grande spedizione contro le colonie greche sorte attorno al Mar Nero, assediandone ed espugnandone un gran numero, per giungere infine ad Odessa. Estese anche i confini della

Dacia a settentrione, fino ai Carpazi, e ad est fino alle sponde del fiume Dniester, al confine tra le attuali Moldavia ed Ucraina.

L'avanzata dei Daci ad est li spinse nuovamente a scontrarsi con i Romani: infatti il proconsole Lucullo, nella guerra contro Mitridate re del Ponto (tra il 74 e il 72 a.C.), aveva occupato alcune città greche sul Mar Nero; queste ultime, insofferenti del dominio romano, chiesero aiuto a Burebista, che marciò in forze contro le legioni della Repubblica capitolina. Le truppe romane, guidate dal console Gaio Antonio Ibrida, subirono una rovinosa sconfitta in una grande battaglia combattuta ad Istra, e da allora le *poleis* greche di Tomi, Dionisopoli, Apollonia e Callate caddero in potere del potente re dacico. Burebista proseguì con le sue conquiste, invadendo la Bessarabia (Ucraina meridionale) e conquistando la città celtica di Aliobrix (oggi Cartal).

Nel 48 a.C. Burebista si schierò dalla parte di Pompeo Magno contro Giulio Cesare, durante la guerra civile che all'epoca insanguinava Roma; in seguito alla vittoria finale di Cesare, quest'ultimo decise di punire la tracotanza di Burebista organizzando una grande armata d'invasione che, prima della progettata spedizione contro i Parti, avrebbe dovuto invadere la Dacia e rovesciarne il tracotante sovrano. Ma la morte portò via, nel corso dello stesso anno (44 a.C.) sia Cesare che Burebista, entrambi assassinati(4), così il grande scontro tra il popolo romano e quello dacico venne rimandato.

Dopo la morte di Burebista la Dacia piombò nel caos e il regno si frazionò in quattro parti, una delle quali, guidata da re Cotisone, dopo essere stata sconfitta dal primo imperatore, Ottaviano Augusto, instaurò con i Romani rapporti pacifici(5). Durante la dinastia dei Flavi la tensione era però destinata a crescere lungo la frontiera danubiana: approfittando delle periodiche gelate del Danubio, i Daci e i loro confinanti Rossolani ne approfittavano per invadere la provincia romana della Mesia e compiere spaventose razzie.

La situazione precipitò nell'85 d.C., quando – all'ennesimo saccheggio su larga scala in Mesia – i Daci guidati da re Duras inflissero al governatore provinciale Oppio Sabino una disastrosa sconfitta sul campo, nel corso della quale perse anche la vita. A questo punto intervenne l'imperatore Domiziano in persona, affidando la conduzione materiale delle operazioni belliche al generale Cornelio Fusco, che in breve tempo respinse i Daci dalla Mesia.

Domiziano pensò allora di invadere la stessa Dacia, affidando il delicato incarico a Cornelio Fusco: fu una pessima scelta. I Daci infatti, colpiti dalle doti e dal valore personale di un giovane condottiero, Decebalo(6), costrinsero Duras ad abdicare e a lasciargli il trono di Sarmizegetusa.

Di Decebalo, oltre alle immagini presenti sulla Colonna Traiana, possediamo anche un busto marmoreo conservato al Museo dell'Hermitage, a San Pietroburgo, che lo ritrae barbuto e severo, con in testa il *pileus*, il classico berretto dell'aristocrazia dacica. Un suo romanizzatissimo discendente, Regaliano, ancora viveva nel 260 d.C., quando si sollevò contro l'imperatore Gallieno, usurpandone il trono per un anno(7).

Decebalo era un condottiero fuori dal comune, ed aveva fin troppo chiaro il modo in cui si doveva condurre il conflitto. Racconta infatti Dione(8):

Domiziano preparò una spedizione contro questo popolo (*scil.* i Daci), ma si astenne dal partecipare attivamente. Preferì restare nelle città della Mesia abbandonandosi ai suoi gusti decadenti. Egli non era solamente pigro dal punto di vista fisico e con l'animo di un codardo, ma seduceva indiscriminatamente donne e fanciulli. Mandava altri a combattere le guerre in sua vece e questi, nel complesso, facevano un pessimo lavoro.

Decebalo, il re dei Daci, inviò a Domiziano degli ambasciatori, offrendo la pace, ma per tutta risposta Domiziano gli mandò contro Fusco con ampie forze. Udito ciò, Decebalo inviò altri ambasciatori. Stavolta la sua offerta di pace era un calcolato insulto. I termini della pace prevedevano che ogni Romano gli pagasse un tributo annuale di due oboli. Il mancato pagamento avrebbe scatenato la guerra e riversato un mare di sventure sui Romani.

Decebalo, contando di infrangere l'impeto dei Romani contro la serie di fortezze che i suoi uomini avevano eretto sui monti di Orastie, attirò Fusco in battaglia e lo massacrò assieme a gran parte della V Legione Alaudae, a cui sottrasse anche il vessillo con l'aquila. Domiziano però non si arrese e, nell'88 d.C., passò in Dacia tramite le cosiddette Porte di Ferro, inviandovi la IV Legione Flavia Felix guidata dal generale Tettio Giuliano, che si vendicò dei Daci infliggendo loro una sonora sconfitta.

Ma Domiziano non poté sfruttare questo notevole successo: le tribù germaniche erano in rivolta ed egli abbisognava di tutte le truppe che poteva mettere insieme, anche a costo di sguarnire il fronte dacico; accettò quindi una pace disonorevole con Decebalo, comprandone la neutralità con l'invio di un tributo annuo e di genieri e di macchine da guerra per rafforzare ulteriormente il suo già cospicuo esercito. Decebalo non si degnò nemmeno, peraltro, di presentarsi personalmente davanti a Domiziano, ricevendo per interposta persona (tramite suo fratello Diegis) la corona di re alleato e il trattato di pace ratificato. Inutile dire che l'opinione pubblica romana la prese malissimo.

Questa la situazione allorché Traiano prese il potere. Inutile dire che molte considerazioni, non ultime quelle economiche, spingevano l'imperatore alla guerra contro Decebalo, ma non bisogna sottovalutare anche la necessità di cancellare un trattato umiliante per Roma e il bisogno di rafforzare il proprio prestigio militare e con esso la sicurezza sulle frontiere danubiane, minacciate dall'aggressività dacica; in fin dei conti solo la Pannonia e le Alpi separavano la stessa Italia dal regno di Decebalo. Scrive Dione(9):

Quanto a Traiano, non ebbe molto tempo per rimanere a Roma, poiché continuava a tornargli alla mente l'insolenza con cui i Daci, in passato, avevano osato prendere le armi; oltre a ciò, considerò da un lato che il tributo che essi avevano imposto ai Romani costituiva un affronto intollerabile e, dall'altro, che il loro orgoglio cresceva di giorno in giorno, mano a mano che aumentava la loro potenza. Si risolse pertanto a muovere guerra contro costoro. Dopo che Decebalo ebbe appreso la notizia che l'Imperatore si era messo in marcia, fu colto dal terrore, profondamente consapevole che aveva un tempo sconfitto non i Romani, ma Domiziano; stavolta avrebbe dovuto combattere i Romani guidati da un Imperatore come Traiano.

Risoltosi per la guerra, Traiano lasciò Roma acclamato da una folla festante il 25 marzo del 101, secondo l'annotazione dei Fratelli Arvali, che elevarono preghiere a Giove per propiziare il suo rapido ritorno e per il felice esito dell'impresa.

L'imperatore venne accompagnato da consistenti reparti della guardia pretoriana, dal prefetto del pretorio Tiberio Claudio Liviano e dall'amico e confidente Lucio Licinio Sura, da poco rientrato dal governo della Germania Inferiore.

Verso Sura († 109 d.C.), che gli aveva garantito l'adozione da parte di Nerva, Traiano nutriva la più cieca fiducia; racconta infatti Cassio Dione (*Storia romana*, LXVIII, 7, 15) un significativo aneddoto:

Traiano aveva accordato a Sura una confidenza ed un'amicizia così profonda, che quando qualcuno tentò di renderglielo sospetto, andò a cenare a casa di lui senza che l'altro l'avesse invitato, rimandando indietro le proprie guardie del corpo, e chiedendo a Sura che il suo stesso medico gli desse una controllata agli occhi.

Si fece poi radere dal barbiere di Sura (...). Dopo di ciò fece il bagno e cenò e, il giorno seguente, si rivolse a quei suoi amici che seguitavano a parlargli male di Sura, dicendo loro: "Se egli avesse avuto idea di assassinarmi, avrebbe messo in atto ieri il suo proposito". Tutto ciò si dovette alla grande generosità di quest'imperatore, che volle dimostrare senz'ombra di dubbio la grande fedeltà di un amico accusato di tradimento, osando addirittura affidargli la propria persona, sicuro com'era della loro amicizia.

Lo stato maggiore di Traiano poteva vantare le menti strategiche più brillanti della sua epoca, ma il generale di Traiano la cui storia è più sorprendente è sicuramente Lusio Quieto(10), che lo storico Ammiano Marcellino (IV sec. d.C.) non esita ad annoverare tra i migliori condottieri della storia romana, accanto a Domizio Corbulone e a Teodosio il Vecchio, padre dell'omonimo imperatore(11).

L'armata imperiale, guidata personalmente da Traiano, partì da Roma il 25 marzo del 101, marciò rapidamente fino a Rimini e da qui a Viminacium (l'attuale Kostolac), base tradizionale per sferrare campagne oltre il Danubio, arrivandovi nel tardo aprile(12); Traiano aveva a disposizione per la propria impresa una forza considerevole, potendo infatti contare su ben 9 delle 13 legioni schierate lungo il fronte, oltre che ad un grande numero di *alae* di cavalleria e coorti di fanteria ausiliaria, per un totale di circa 400.000 uomini, di cui 180.000 legionari; la maggior parte delle truppe era costituita da provinciali, mentre gli Italici costituivano il nerbo della guardia pretoriana; rispetto ai tempi di Domiziano apparvero anche nuove unità di combattenti, come i *symmachiari* o i *numeri*, reparti di stranieri che combattevano con le proprie armi nazionali al fianco dei Romani, in gruppi di 300 uomini ciascuno, per un numero complessivo di ben 11.000 guerrieri(13) Tra gli ausiliari spiccavano poi i Batavi (provenienti dalla Germania) e i Pannoni (dall'odierna Ungheria), i cui 500 elementi migliori (poi raddoppiati) finirono negli *equites singulares Augusti*, una scorta a cavallo di mille uomini che accompagnarono in battaglia l'imperatore e ne avrebbero garantito la sicurezza.

Queste, dunque, le forze in campo da parte romana(14):

Legione I Adiutrix Pia Fidelis
(fondata nel 68 d.C. da Galba e reclutata in Gallia Narbonense e in Italia)

Legione I Italica
(fondata nel 66 d.C. da Nerone e reclutata in Italia)

Legione I Flavia Minervia Pia Fidelis
(fondata nell'82 d.C. da Domiziano e reclutata nelle due Germanie)

Legione II Adiutrix Pia Fidelis
(fondata nel 69 d.C. da Vespasiano e reclutata in Gallia Narbonense e in Italia)

Legione IIII (IV) Flavia Felix
(fondata da Vespasiano nel 70 d.C. in sostituzione della IV Macedonica e reclutata in Dalmazia)

Legione V Macedonica
(fondata da Ottaviano Augusto nel 42 a.C. e reclutata in Spagna e
Mesia)

Legione VII Claudia Pia Fidelis
(fondata da Pompeo Magno e reclutata in Spagna ed Asia Minore)

Legione X Gemina
(fondata da Ottaviano Augusto nel 30 a.C. e di provenienza incerta)

Legione XI Claudia Pia Fidelis
(fondata da Giulio Cesare nel 58 a.C. e reclutata in Gallia Cisalpina)

Legione XIII Gemina Pia Fidelis
(fondata da Giulio Cesare nel 58 a.C. e reclutata in Gallia Cisalpina)

Legione XIIII (XIV) Gemina Martia Victrix
(fondata da Giulio Cesare nel 57 a.C. e reclutata in Gallia Cisalpina)

Legione XV Apollinaris
(fondata da Giulio Cesare nel 54 a.C. e reclutata in Gallia Cisalpina)

Legione XXI Rapax
(fondata da Giulio Cesare nel 49 a.C. e reclutata in Gallia e in Siria)

Legione XXX Ulpia Victrix
(fondata dallo stesso Traiano dopo la I Guerra Dacica, nel 103 a.C.)

Vexillationes (distaccamenti) delle seguenti legioni:
II Augusta
III Augusta
III Gallica
IV Scythica
VI Ferrata
VII Gemina
IX Hispana

XII Fulminata
XX Valeria Victrix
XXII Primigenia

Secondo il geografo Strabone di Amasea, Decebalo avrebbe riunito all'incirca 200.000 uomini armati(15), senza contare agli alleati Sarmati e Rossolani, che gli fornirono vasti contingenti di cavalleria corazzata, ed i Buri, di stirpe germanica, feroci combattenti di fanteria.

Anche le macchine in dotazione all'artiglieria romana erano presenti in misura massiccia, dato che si prevedevano numerosi e non facili assedi di città e fortezze; come annotò l'architetto Apollodoro di Damasco, che prese parte alla spedizione(16):

Per un assedio sono necessarie queste macchine: testuggini per proteggere l'ariete, testuggini per forare le mura, testuggini per proteggersi da massi rotolanti, arieti di tipo comune, ponti d'assalto, arieti a pilastro, protezioni dai proiettili, un osservatorio per guardare all'interno delle mura nemiche, scale di tipo comune, attrezzi specifici per forare i diversi tipi di mura, ponti adatti per scavalcare in massa le mura.

Dai rilievi della Colonna Traiana possiamo osservare le macchine belliche scaglianti dardi che i Romani adoperarono nel conflitto, le celebri baliste, discendenti delle chirobaliste descritte da Erone di Alessandria nel suo *Trattato sulle macchine da guerra*. La balista, come pure l'onagro, parimenti usato dai legionari traianei, apparteneva al genere dei *tormenta*, cioè di quelle macchine la cui forza propulsiva era data da un fascio di fibre, nervi, tendini o crini animali. La balista era formata da un treppiede, che si poggiava a terra, mentre ai lati del telaio si trovano gli alloggiamenti per le due matasse, posizionate verticalmente, all'interno delle quali erano inserite due robusti bracci di legno o ferro. Tra le matasse trovava posto il carrello di propulsione, un piano d'invito per i proiettili e un argano, agendo sul quale i serventi, tendevano la corda che univa i due bracci, aumentando contemporaneamente la torsione delle matasse. Quando la corda aveva raggiunto la tensione desiderata, si fissava il proiettile e, agendo su uno scatto, la si liberava. A questo punto i bracci inseriti nelle matasse, liberate dalla tensione, tornavano violentemente nella posizione originaria, scagliando il proiettile in avanti.

Sulla Colonna sono raffigurate anche carrobaliste (in pratica delle baliste montate su carri a trazione animale, solitamente muli, facenti parte del parco di artiglieria mobile dell'esercito romano. I legionari addetti alla manovra delle baliste, detti *ballistarii*, erano *immunes*, cioè esentati da altri gravosi incarichi assegnati ai loro commilitoni non specializzati, mentre i tecnici che si occupavano della manutenzione di queste macchine erano alle dipendenze dell'alto ufficiale conosciuto come *praefectus castrorum*.(17)

L'attraversamento del Danubio ebbe luogo a Lederata (l'odierna Palanka), alla confluenza tra il grande corso d'acqua danubiano e il Csernovec; la località si trovava a sud della meno impegnativa via per le Porte di Ferro, ed univa i centri di Berzovia ed Aizi (Friliug), nel Banato: si tratta in fatti di due località strategiche menzionate dallo stesso Traiano nell'unico frammento superstite dei suoi *Commentarii de bello Dacico*.

L'esercito venne suddiviso in due colonne, fatte passare su altrettanti ponti di barche, che avrebbero invaso la Dacia da due direttrici di marcia differenti, per convergere poi a tenaglia, riunendosi e strozzando la possibilità di Decebalo di opporre una resistenza efficace; una colonna penetrò in Dacia a Dierna, avanzando poi in direzione di Tibiscum e percorrendo un sentiero piuttosto angusto fra le montagne; la seconda colonna, sotto il diretto comando dell'imperatore, si mosse verso nord-est, verso il Banato, attraverso la meno disagevole regione pedemontana, che consentiva di evitare le pianure troppo aperte, terreno ideale per le manovre della cavalleria sarmata, sia le alture boscose dove potevano annidarsi gruppi armati dacici consistenti. Si trattava, del resto, del medesimo percorso effettuato da Tettio Giuliano durante la sua campagna dell'87 d.C.(18) È probabile che anche una terza colonna abbia preso parte all'invasione, attraversando il Danubio nei pressi di Drobeta e dirigendosi verso il bacino del fiume Jiu e puntando verso il passo montano di Vâlcan.

Una volta attraversato il fiume senza aver incontrato opposizione, l'esercito assistette ad una cerimonia di purificazione, un *suovetaurilia*, ovvero il sacrificio di un maiale, di un ariete e di un toro che aveva come scopo la purificazione preventiva delle legioni in vista delle atrocità e dei massacri di cui avrebbero eventualmente dovuto macchiarsi. Traiano, con il capo velato ed in veste di pontefice massimo, figura al vertice del sacerdozio romano, presiedette solennemente al sacrificio, tenendo in mano una patera e accostandosi all'altare su cui ardevano le fiamme, dove pronunciò le antichissime formule previste.

Dopo il sacrificio l'armata marciò a nord lungo la verde e fertile vallata dello Csernovec, facendo al contempo avanzare controcorrente diverse imbarcazioni per il trasporto di viveri e vettovaglie, sebbene la maggior parte delle scorte di cibo erano state caricate su carri trainati da buoi ed asini che seguivano l'armata nella sua avanzata, protetti da reparti vigili ed attenti.
L'esercito guidato dall'imperatore avanzò per tre giorni, facendo tappa nelle località di Arcidava, Centum Plutei e Berzobia, dove si ricongiunse ad alcuni reparti di cavalleria ausiliaria inviati precedentemente ad esplorare il Banato(19).

L'avanzata di Traiano non fu all'insegna della rapidità, ma della prudenza e della preparazione logistica: i rilievi della Colonna (e di certo i *Commentarii* dell'imperatore, ad essi direttamente ispirati) mostrano con dovizia di particolari l'attraversamento di rilievi boscosi, la costruzione di strade e di ponti, l'attività di foraggiamento e quelle di esplorazione compiute dalla cavalleria, al fine di garantire alle legioni una penetrazione in profondità nel territorio dacico esente dai rischi che, al tempo di Domiziano, erano costati la sconfitta e la morte di Cornelio Fusco e della sua armata.

Da buon *vir militaris* Traiano descriveva se stesso in marcia a capo scoperto assieme alle legioni, oppure intento a presiedere riunioni con il proprio stato maggiore o ancora mentre supervisionava i siti destinati ad ospitare gli accampamenti e la costruzione di ponti, ricevendo gli ambasciatori e interrogando i nemici presi prigionieri(20).

Da parte sua Decebalo adottò una tattica dilatoria e logorante, evitando l'azzardo di uno scontro in campo aperto (nonostante ne avesse ampiamente i mezzi e le possibilità) e ritirandosi vieppiù verso le aree fortificate montuose della Transilvania, dove i Romani non avrebbero potuto a loro volta dispiegare tutta la loro potenza d'urto ed avrebbero fatalmente disgregato le loro forze in una serie di costosi e stremanti assedi di fortezze e cittadelle. Oltretutto la strategia aveva il vantaggio di costringere i Romani ad allontanarsi dalle loro linee di approvvigionamento e di comunicazione, mettendoli in tal modo in seria difficoltà.

Durante questa prima fase dell'avanzata le truppe imperiali subirono un unico attacco da parte della tribù germanica di Buri, alleati dei Daci. Dopo qualche scaramuccia, costoro, come racconta Cassio Dione, inviarono un'ambasceria, durante la qual presentarono a Traiano un grosso fungo su cui avevano rozzamente scritto le loro richieste di pace:

Mentre Traiano era giunto, nel corso della campagna militare contro i Daci, nei pressi di Tapae, dove si erano accampati i barbari, gli venne portato un grosso fungo sul quale era stato inciso in latino, che i Buri e gli altri alleati invitavano Traiano a tornare indietro e rimanere in pace.

Naturalmente la richiesta venne respinta e dopo qualche tempo l'esercito raggiunse Tibiscum (l'odierna Timişoara, presso il fiume Timiş), dove pose l'accampamento, in attesa di attaccare le fortezze daciche poste presso l'imboccatura delle Porte di Ferro, la cui conquista gli avrebbe garantito l'accesso alla capitale nemica, Sarmizegetusa.

Venuto a sapere che i Romani erano oramai penetrati nella regione di Haţeg attraverso lo stretto passo montano delle Porte di Ferro, in Transilvania, Decebalo ruppe gli indugi e, assieme ai propri alleati, schierò finalmente le proprie truppe in campo aperto, deciso ad opporre ai Romani la più accanita delle resistenze, osservando l'andamento dell'imminente battaglia dal riparo di un vicino boschetto.

I Daci puntarono le loro maggiori *chances* di vittoria sulla fanteria, i cui componenti combattevano con le micidiali *falces*, capaci di sfondare le calotte degli elmi romani, cosa che aveva costretto gli armaioli imperiali a rinforzarli con una protezione cruciforme in ferro (oltre a speciali protezioni metalliche sulle braccia); anche il corpo degli arcieri dacici venne schierato come elemento decisivo, supportato dalla cavalleria pesante degli alleati Rossolani e Sarmati, con uomini e cavalli protetti da una spessa corazza a squame, e la cui potenza d'urto era molto simile a quella dei loro omologhi partici(21).

Non abbiamo molti dettagli sullo scontro, se non che, stando a Cassio Dione, fu assai cruento, costando numerose vittime da ambo le parti; un ruolo importante ebbe sicuramente la cavalleria maura di Lusio Quieto, che si rivelò decisiva nel momento culminante della battaglia. Basandoci sulle ricostruzioni del Ciaconio, che commentò i rilievi della Colonna Traiana nel XVI secolo, nonché sul modello letterario cesariano, ben presente a Traiano fin dalla giovinezza, abbiamo così ipoteticamente ricostruito quella sezione dei *Dacica* in cui l'imperatore descriveva il sanguinoso combattimento(22):

Il giorno seguente giungemmo a Tapae. Vi era qui una grande pianura, circondata da quasi tutte le parti da una foresta intricata ed impenetrabile, e presso una possente fortezza si trovavano re Decebalo con i suoi compagni. Fiduciosi del luogo, i Daci si erano colà attestati, schierati per tribù e clan con i vessilli a forma di drago, custodendo tutti gli accessi alla piana, pronti ad assalire i Romani se avessero tentato di penetrarvi. I soldati delle legioni, indignati per il fatto che i nemici potessero reggere la loro vista a così breve distanza, reclamarono il segnale d'attacco. Tenni allora un discorso ai soldati.

"Compagni fra i pericoli, è arrivato oramai il momento opportuno per combattere, da me e da voi desiderato: prima d'ora voi lo chiedevate, con tumulti scomposti volevate vi i dessero le armi. Ecco, commilitoni miei, è a vostra disposizione il giorno a lungo sperato che spinge tutti noi a riscattare l'onore proprio della maestà di Roma, una volta lavate le antiche macchie. Sono questi i barbari che rabbia e smodato furore hanno spinto verso la loro rovina totale, ed è la nostra forza che li schiaccerà. Leviamoci in piedi, soldati coraggiosi, con valore respingeremo le offese scagliate contro di noi. I nemici che saranno volti in fuga non inseguiteli, ve ne prego, con troppa ira e troppo impeto, facendo così violenza alla gloria conseguita alla vittoria che verrà; nessuno si ritiri prima che si manifesti un'estrema necessità. Chi fuggirà, io di sicuro lo abbandonerò, starò invece sempre accanto senza separarmene a quelli che colpiranno le spalle dei nemici, qualora ciò avvenga con misurata prudenza ed attenzione".

Il giorno seguente lasciai a presidio dell'accampamento le forze che mi parvero adeguate. Io stesso, con l'esercito schierato a battaglia su tre ordini, avanzai verso l'accampamento dei Daci. Finalmente questi ultimi furono costretti ad uscire dal campo e si disposero per tribù, a pari distanza gli uni dagli altri.

I Daci, dopo aver respinto in formazione serratissima la nostra cavalleria, formata una falange, avanzarono contro la nostra prima linea.

Si combatté a lungo e con accanimento. Non potendo più resistere agli assalti dei nostri, alcuni cominciarono di nuovo a ritirarsi verso gli accampamenti, altri arretrarono in direzione delle retrovie.
Tuttavia parecchi manipoli di Daci e di Sarmati, nascosti in una vicina boscaglia, per ordine di Susago(41), nobilissimo e valorosissimo generale di re Decebalo, apparvero all'improvviso ed iniziarono ad assalire i nostri in una posizione difficilissima.

Si videro i nemici balzare fuori e che, senza risparmiare nessuno, trafiggevano con ogni tipo di arma da lancio tutto ciò che poteva essere colpito. Nessuno dei nostri fu in grado di resistere, nessun'altra speranza di sopravvivere c'era se non in una ritirata veloce. Così, in questa dolorosa ed inattesa vicenda, cadde un gran numero di soldati e di tribuni. La conseguenza di ciò fu che i Daci, insuperbiti, si fecero avanti con baldanza maggiore presso le fortificazioni romane il giorno successivo: le nebbie del mattino toglievano la visuale; essi, a spade sguainate, correvano di qua e di là ringhiando e intentando minacce piene di superbia. Ma i soldati di un'ala dei Galli fecero un'irruzione improvvisa: fermi perché respinti dall'ostacolo costituito dalle torme dei cavalieri nemici, esortavano a combattere con volontà unanime tutti i loro commilitoni. Riversandosi sui nemici, non con uno scontro vero e proprio, ma con scaramucce, costrinsero tutti i Daci alla fuga. I barbari si dispersero qua e là, dato che i loro schieramenti si erano allentati; trovandosi impacciati proprio per la fretta con cui cercavano di fuggire, si denudavano delle armi da difesa così da essere massacrati da colpi continui di spade e lance. Uccisi assieme ai loro cavalli, molti giacevano a terra e sembravano ancora cingerne i dorsi. A questa vista si precipitarono fuori dagli accampamenti tutti i Romani rimasti incerti se uscire a battaglia assieme ai loro commilitoni; dimentichi di provvedere alla sicurezza personale, schiacciavano tutta quella folla di barbari, meno quelli che la fuga aveva sottratto alla morte. Calpestavano mucchi di cadaveri, si bagnavano del sangue degli uccisi.

Nello scontro caddero molti principi dei Daci; a me che ero presente sul campo di battaglia furono portate dai soldati che le avevano mozzate due teste di altrettanti regoli, con la speranza di venire ricompensati con un premio per la valorosa impresa compiuta.

Anche Giove Pluvio sopraggiunse in aiuto dei Romani durante lo scontro: infatti, prima del cimento, avevo propiziato il nume con sacrifici di vittime. Quando il sole iniziò a declinare da mezzogiorno verso occidente, un'abbondante pioggia si riversò sui Daci, impedendo loro di vedere con chiarezza gli avversari(23).

Una battaglia atroce fu ingaggiata dai soldati romani contro i Daci: si combatté a lungo e strenuamente, finché la cavalleria di Quieto, portando l'opportuno soccorso, fece conseguire una vittoria netta ma sanguinosa, seminando una vasta strage fra i Daci e facendo prigionieri molti di essi.

Gravemente ferito nel corso dello contro, un giovane principe dei Daci morì(24). Il suo corpo, portato via dai propri uomini, fu portato dapprima nell'accampamento, poi in un altro luogo sicuro, dove venne condotto al rogo funebre, secondo il rituale della sua nazione, accompagnato dal più grande cordoglio.
Io, che assieme al prefetto Claudio Liviano ero presente in mezzo al combattimento, dopo aver sconfitto i nemici ed averne abbattuti un gran numero, invasi il loro accampamento, lo occupai e ne distrussi una gran parte, facendolo poi saccheggiare dai nostri soldati.

Nel corso di questa battaglia caddero...†(25).

José Ignacio Lago ha proposto una propria, dettagliata e magistrale ricostruzione dello svolgimento della battaglia di Tapae(26); secondo il suo approfondito studio Traiano suddivise l'esercito in due corpi: il primo sotto il suo diretto comando, contava quattro legioni (la I Adiutrix, la II Adiutrix, la III Flavia e la VII Claudia), la guardia pretoriana (consistente in una coorte di fanteria e una di cavalleria), venti coorti di fanteria ausiliaria, trenta coorti miste di fanti e cavalieri e otto ali di cavalleria.

Il secondo corpo d'armata, guidato dal generale T. Giuliano, comprendeva tre legioni (la I Italica, la V Macedonica e la XIII Gemina), venti coorti di fanteria ausiliaria e dieci ali di cavalleria. Traiano, temendo imboscate da parte di forze daciche occultate, inviò degli esploratori in missione ispettiva, e costoro riferirono in effetti di aver individuato circa 10.000 cavalieri sarmati e daci nascosti fra i boschi del vicino monte Semenic.

Traiano reagì prontamente, ordinando a Giuliano di avvicinarsi alla piazzaforte di Tapae da est, in modo da formare, assieme alle truppe sotto il comando di Traiano una sorta di angolo di 90°; le tre legioni di Giuliano penetrarono nei boschi e attaccarono la sorpresa retroguardia della cavalleria di Decebalo, mentre la cavalleria e le coorti ausiliarie romane, agendo come un corpo indipendente, penetrarono nella stessa foresta da sud e da nord, con un movimento avvolgente che ben presto circondò le forze nemiche.

Nel frattempo Traiano dispiegò le sue quattro legioni davanti all'armata schierata di Decebalo, il quale ordinò un attacco immediato contro i Romani, attacco in cui venne dispiegata una ferocia inaudita; il re dace sperava di fare intervenire a questo punto alcuni reparti nascosti sulle pendici dei monti Banatului, ma la mossa era stata prevista da Traiano, che aveva appostato trenta coorti al comando del fidato Lucio Licinio Sura lungo il tragitto che queste ultime forze daciche avrebbero dovuto necessariamente percorrere, tenendo al contempo venti coorti di fanteria ausiliaria come riserva tattica, collocate in modo tale che avrebbero potuto accorrere rapidamente in soccorso di ognuno dei tre fronti che si fosse trovato in difficoltà.

Il corpo principale, tra le cui fila, protetto dai pretoriani, combatteva lo stesso imperatore, subì il furibondo assalto dei Daci, che sciabolavano l'aria e i legionari con le terribili falci; ben presto però il muro compatto degli scudi dei Romani infranse il loro impeto, e gli imperiali passarono al contrattacco, generando una mischia spaventosa.

Nel frattempo la fanteria ausiliaria salì sulle pendici dei Banatului, impedendo alle truppe daciche ivi posizionate di scendere e di attaccare il fianco delle legioni impegnate nello scontro, anche qui si generò un corpo a corpo furibondo, dove – presumibilmente – si registrò il più alto numero di vittime da ambo gli schieramenti.

Sul Semenic lo scontro arrise inizialmente a Decebalo, ma poi Giuliano riuscì a volgere in fuga la cavalleria nemica e le sue legioni avanzarono allargandosi a ventaglio per le selve, conquistando il terreno palmo a palmo ed obbligando i reparti dei Daci a ritirarsi a Tapae; Decebalo, vistosi perduto, ordinò la ritirata, ma il terreno era disagevole e ciò non favorì la fuga, costandogli un gran numero di caduti di fronte a Tapae.

Lo scontro si risolse con una netta, anche se sofferta, vittoria romana e con il conseguente ripiegamento dei Daci verso le zone montane fortificate, non si trattò comunque di una vera e propria disfatta per Decebalo, anche se il vantaggio conseguito dai Romani fu importante al punto da indurlo a ritirarsi ancora più all'interno della regione al fine di proteggere gli accessi alla capitale del regno, Sarmizegetusa Regia.

Questa prima vittoria davanti al passo montano delle cosiddette Porte di Ferro venne sfruttata al massimo da Traiano, che consolidò il successo di Tapae costruendo un accampamento di marcia ad 8 chilometri di distanza dall'uscita del passo che, per la sua importanza strategica – difendeva infatti Tapae verso est – fu ben presto ricostruito in terra e legno, ospitando un distaccamento della IV Legione Flavia Felix: da questo primo nucleo sarebbe sorta, alcuni anni dopo, la prima capitale della provincia romana di Dacia(27).

Si consumò in seguito una serie di scontri piuttosto duri sulle montagne, dove i Daci opposero una resistenza accanita, infliggendo ai Romani diverse perdite ma non riuscendo più di tanto a ritardarne l'avanzata, che pareva davvero incontenibile: la roccaforte di Costeşti, posta sulla strada per Sarmizegetusa, venne conquista dopo un assedio verso la fine dell'autunno del 101(28).

Decebalo, al fine di allentare la morsa che si stava inesorabilmente serrando attorno al collo della propria capitale, lanciò un audace contrattacco in territorio imperiale, radunando sotto il comando del generale Susago i suoi alleati più agguerriti, ovvero i Sarmati e i Rossolani delle pianure orientali, nonché i Buri germanici dei Carpazi settentrionali e varie tribù traciche, dirigendoli verso una grandiosa invasione della Mesia Inferiore, lasciata sguarnita di truppe consistenti, che avevano dovuto giocoforza accompagnare Traiano nella sua avanzata in Dacia.

Quella che doveva essere una grande manovra di distrazione ed un'incursione su larga scala, accompagnata da saccheggi, incendi, razzie, uccisioni di civili ed il solito codazzo di violenze, rischiò di trasformarsi in un'autentica migrazione di massa di barbari, intenzionati a stabilirsi entro i confini dell'Impero(29).

L'assalto dei Daci colse di sorpresa i Romani, che inizialmente non poterono impedire il dilagare in Mesia delle orde assalitrici: vasti appezzamenti di terreno e fattorie vennero messe a ferro e fuoco, tra cui persino le proprietà personali del governatore della Mesia Manio Laberio Massimo; in una di esse venne preso prigioniero dai Rossolani un suo schiavo, di nome Callidromo, che venne donato da Decebalo a Pacoro, re dei Parti, in un disperato – quanto infruttuoso – tentativo di stringere un'alleanza con l'atavico nemico di Roma.

Informato dell'attacco, Traiano affidò ai suoi generali in Dacia l'ordine di proseguire le operazioni belliche e, alla testa di una vasta armata, partì personalmente verso sud, al fine di arrecare soccorso alla provincia colpita. Una parte dell'esercito romano discese prontamente il Danubio su grandi navi, portando soccorso ai centri assediati, mentre l'imperatore, attraverso la via scavata in precedenza dalle legioni fra le montagne prossime alle cateratte del Danubio e per le contrade della Mesia Superiore, si diresse alla volta della provincia minacciata, che raggiunse rapidamente grazie alle strade e alle infrastrutture faticosamente ma saggiamente erette durante la stagione precedente(30).

I Daci e i loro alleati, che non si aspettavano una reazione così immediata da parte di Traiano, furono colti di sorpresa con parte delle loro forze ancora sparpagliate per la provincia, intente a razziare e a saccheggiare. La prima battaglia campale ebbe luogo in una regione pedemontana dei Balcani, a sud-est della foce dell'Oescus, durante le ore notturne, dove l'imperatore combatté probabilmente in testa ai suoi, privo di elmo affinché fosse riconosciuto dai legionari e ciò potesse infondere loro coraggio. Lo scontro fu sanguinoso ma alla fine i Romani prevalsero, mettendo disordinatamente in fuga i barbari; Traiano celebrò la vittoria fondando una città di tipo ellenistico, Nicopoli (ovvero "città della vittoria"), l'attuale Nikiup, nella Bulgaria del nord(31).

Un secondo scontro ebbe luogo a Tropheum Traiani (presso l'odierna Adamclisi), dove, a prezzo di ben 3800 caduti, Traiano sgominò la coalizione barbarica; i feriti furono così tanti che, come racconta Cassio Dione(32):

Non per questo, però, desistette dall'ingaggiare uno scontro, dove fece a pezzi un gran numero di nemici, ma avendo al tempo stesso il dispiacere di vedere feriti un gran numero dei suoi uomini. Essendo venute a mancare le bende, si racconta che fece tagliare i suoi stessi abiti pur di poterne ricavare qualcuna. Eresse un altare in onore di coloro che erano morti durante la battaglia, e ordinò che per tutti gli anni a venire si rendessero loro delle onoranze funebri.

Traiano eresse ad Adamclisi il monumentale trofeo la cui ottima ricostruzione voluta da Ceausescu domina ancora oggi l'area circostante, commemorando – sia pure con rilievi di fattura rozza e militaresca – il coraggio ed il valore dei propri uomini.

Dopo aver liberato la Mesia dagli invasori, Traiano – si era ormai giunti alla primavera del 102 – fece rapidamente ritorno in Dacia, puntando verso la capitale di Decebalo al fine di costringerlo alla resa dei conti: scopo principale di questa manovra era di far circondare dalle truppe romane le aree montuose in cui si trovavano dislocati i principali forti dei Daci eretti a protezione di Sarmizegetusa, isolando in tal modo la città e al contempo impedendo nuove diversioni nemiche in Mesia Inferiore(33).

Il governatore di quest'ultima provincia, Laberio Massimo, si mise in marcia alla testa di due legioni seguendo il corso superiore del fiume Olt e penetrando infine in Transilvania presso Caput Stenarum, da dove avrebbe potuto sferrare una serie di attacchi alle roccaforti daciche montane di est e sud-est; fu in quest'occasione che egli catturò la sorella dello stesso Decebalo.

La scena XXX della Colonna Traiana mostra infatti quest'episodio raccontato anche da Dione: un gruppo di donne daciche, fatte prigioniere e scortato da alcuni soldati ausiliari, viene imbarcato su delle navi ancorate nel Danubio, sotto lo sguardo cortese ma vigile dell'imperatore e dei suoi più fidi collaboratori, vale a dire Licinio Sura e il prefetto Claudio Liviano; tra esse spicca una giovane donna dalla lunga veste e dall'elegante chitone, ritratta di profilo, intenta ad accennare un timido saluto. Sebbene questa sezione dei rilievi sia stata fortemente deteriorata dall'erosione dovuta allo smog prodotto dal traffico della Roma contemporanea, la scena si presta ad un'interpretazione abbastanza chiara, come già notò, nel XVI secolo, il frate domenicano Alfonso Ciaconio: si trattava dell'imbarco di una prigioniera d'alto rango(34), che altri non poteva essere che la sorella di Decebalo, che proprio Laberio Massimo ebbe modo di prendere prigioniera nel corso dell'espugnazione di una delle roccaforti daciche(35); Traiano fu cavalleresco nei confronti della donna e delle ancelle del suo seguito, dotandole di una scorta e facendole trasferire in una zona sicura, senza che nulla mancasse loro. In ciò si comportò non diversamente dal suo modello ideale, Alessandro Magno, allorché catturò moglie e madre di Dario III, re di Persia, ostentando una pietà filiale degna di ammirazione. Sfortunatamente non conosciamo il nome della sorella del sovrano dei Daci, anche perché l'epigrafia è stata piuttosto avara di esempi di nomi dacici femminili, diffusi o meno. Una possibile eccezione resta quello di Zina ("la Signora"), riportato su di una moneta proveniente dalla Transilvania, nonché nome della moglie del re Burebista e probabilmente abbastanza comune fra le donne dell'alta nobiltà, come era appunto la famiglia di Decebalo. Che l'illustre prigioniera di Traiano si chiamasse così, comunque, resta solo una congettura, mancandoci ogni certezza in tal senso.

Frattanto diverse colonne di cavalieri ausiliari sotto la guida di Lusio Quieto, principalmente composte da Mauri, arrivò a minacciare Sarmizegetusa da sud e da sud-est. Il corpo principale dell'armata, invece, sotto la guida personale dell'imperatore marciò alla volta di Petrae, dove ebbe plausibilmente luogo il ricongiungimento con altre truppe di rinforzo provenienti dalla Pannonia, che dopo un'estenuante quanto rapida avanzata, resa difficile dalla contiguità delle zone montuose poste quasi a ridosso del Danubio, che avevano di fatto ristretto alquanto la strada percorribile dalla lunga colonna romana, erano giunte all'appuntamento con Traiano e Quieto, serrando di fatto Sarmizegetusa in una morsa che si chiuse in ben tre direzioni, vale a dire est, sud ed ovest, costringendo Decebalo a lottare su tre fronti(36).

Una volta operato il *rendez-vous* a Petrae, Traiano proseguì alla testa della colonna principale, seguendo il corso del fiume Mureş sino a Germisara, per poi inoltrarsi fra le montagne della Dacia attraverso la vallata di Grădiştea; la mossa colse di sorpresa Decebalo che, stupito di come le tre colonne romane fossero riuscite a penetrare in profondità in un'area montana da lui ritenuta quasi inespugnabile e minacciato da vicino dai Mauri di Quieto, si risolse a chiedere la pace(37).

Le condizioni che Traiano impose al sovrano dace furono piuttosto dure, ma necessarie dal punto di vista romano: i Daci avrebbero dovuto deporre immediatamente le armi, restituire tutto l'equipaggiamento militare ed i tecnici qualificati utilizzati per la guerra ed ottenuti con la frode dai Romani, con in sovrappiù il divieto di procedere ancora, per il futuro, a reclutamenti analoghi; avrebbero altresì liberato tutti i prigionieri e riconsegnato eventuali ostaggi, restituito le prede di guerra e demolito le proprie fortezze, nonché si sarebbero ritirati al più presto dai territori occupati senza diritto. Le vaste aree occupate dai Romani nel corso delle recenti operazioni belliche – vale a dire la zona montuosa e pedemontana del Banato, l'intera Valacchia, l'Oltenia, la Moldavia meridionale e le regioni a sud della Transilvania – sarebbero passate sotto il controllo diretto di Roma; ridotto così territorialmente, il reame dacico passava ad uno *status* di regno cliente, in base al quale avrebbe dovuto rinunciare a perseguire politiche autonome ed avere gli stessi nemici ed alleati dell'Impero; racconta Dione: (38)

Decebalo fu dunque condotto al cospetto di Traiano per accettare queste condizioni, e si prosternò a terra per adorarlo. Gettò le armi al suolo e accettò controvoglia di consegnare le armi, le macchine belliche e quelli che le costruivano, di consegnare i disertori, di smantellare le fortezze, di ritirarsi dai territori conquistati, di considerare amici o nemici quei popoli che lo erano per i Romani; inoltre si impegnò a non accogliere alcun disertore né ad usare alcun soldato che provenisse dal territorio dell'Impero (infatti si era guadagnato il maggior numero dei suoi più valorosi combattenti convincendoli a venire da lui dal territorio romano). Inviò anche degli ambasciatori che esponessero la sua resa al Senato, affinché si potesse assicurare la pace anche da quell'assemblea. Conclusi questi patti, Traiano abbandonò l'accampamento presso Sarmizegetusa, pose il resto del territorio sotto la protezione di varie fortezze, e quindi fece ritorno in Italia.

La più dura di queste condizioni fu sicuramente per Decebalo la decurtazione di ampie aree del suo regno: questi territori furono affidati al controllo dell'ex console Gneo Pinario Emilio Cicatricola Pompeo Longino, che venne lasciato al comando delle truppe legionarie ed ausiliarie ivi stanziate, e con poteri e competenze piuttosto ampi, slegati da quelli del governatore della vicina Mesia Superiore(39).

Longino disponeva di due legioni e una guarnigione romana venne installata anche a Sarmizegetusa Regia, come deterrente per eventuali ripensamenti di Decebalo; quest'ultimo atto, in particolare, fu percepito dai Daci come una sorta di empio sacrilegio, dato che Sarmizegetusa era anche il centro religioso e spirituale del popolo dacico(40). Traiano, come rammenta Faccini, "con il trattato di pace concesse a Decebalo l'autorità sui propri sudditi, ma limitò la sua capacità difensiva e, in questo ambito, la guarnigione a Sarmizegetusa e Longino fungevano da rappresentanti dell'imperatore, del quale il re dace era *amicus* e *socius*".

Ad oriente del fiume Jiu, i territori della pianura valacca, la Moldavia meridionale e la zona sud-orientale della Transilvania vennero presidiate da truppe dell'esercito della Mesia Inferiore e pertanto poste sotto l'autorità del governatore di quella provincia; lungo il corso dell'Olt i Romani eressero inoltre diverse fortezze in legno e terra, specialmente a Buridava, dove si installò un importante concentramento militare romano, costituito dai *pedites consulares singulares*, ossia la guardia del corpo del governatore della provincia, e da un distaccamento della *cohors I Hispanorum veterana* (41).

Traiano decise di rafforzare anche la presenza di truppe attorno alla Dacia, per prevenire eventuali sollevazioni: l'XI Legione Claudia e la V Macedonica furono trasferito rispettivamente a Durustorum e a Troesmis, sul Basso Danubio, assieme a diversi altri reparti ausiliari. Per favorire un rapido trasferimento delle armate romane nella Dacia Traiano affidò inoltre la costruzione sul Danubio di un imponente ponte in pietra sostenuto da 20 pilastri (visibili ancora fino al 1856) all'architetto Apollodoro di Damasco, nei pressi di Drobeta, che detenne per ben mille anni il record del ponte in pietra ad arcate più lungo del mondo; di esso ancora oggi sussiste qualche notevole resto, nonostante le demolizioni operate già da Adriano, che temeva fosse usato dai barbari per invadere la Mesia, dall'impeto secolare delle correnti contro i piloni e dalla mancanza di manutenzione(42) e poi dagli Austriaci; così ne parla con palese ammirazione Dione(43):

In quello stesso tempo Traiano fece costruire un ponte in pietra sul Danubio. Benché l'Imperatore avesse portato a termine una gran quantità di altre costruzioni decisamente magnifiche, non ne fece nessuna paragonabile a quella, che dovrebbe essere ammirata anche per la grandezza del coraggio del suo costruttore. Era infatti sostenuto da 20 pilastri di pietra squadrata, alto 150 piedi senza contare le fondamenta, mentre la larghezza contava 60 piedi (44). I pilastri distavano l'uno dall'altro 160 piedi ed erano uniti da degli archi. Chi non si stupirebbe per la grandezza della spesa che fu fatta per questa costruzione? E, d'altra parte, come non meravigliarsi del modo stesso in cui gli operai riuscirono a far ergere ogni pilone in un vasto fiume, sopra un fondale coperto di melma e nel bel mezzo di una corrente piena di gorghi (non era stato infatti possibile in nessun modo deviare il corso del fiume). Il punto in cui il ponte fu costruito era il più agevole a guadare e il più stretto, visto e considerato che in altri punti il ponte era largo anche il doppio o il triplo. Tuttavia, divenendo in quel luogo decisamente più stretto, la corrente diventava assai più rapida, cosa che rendeva la costruzione del ponte sensibilmente più difficile e che fece risaltare la grandezza dell'impresa e la generosità dell'Imperatore che ebbe la gloria di realizzarla. Tuttavia, oggigiorno, il ponte non è più di alcuna utilità, poiché non lo si può più transitare: si ergono infatti sul fiume soltanto i piloni, come dei monumenti che dimostrano come non vi sia nulla che l'ingegno umano non possa realizzare. Difatti Traiano lo aveva fatto costruire temendo che, nel caso il Danubio si fosse ghiacciato, i Romani che si fossero trovati a combattere al di là di esso, si sarebbero trovati esposti alla violenza dei loro nemici, e sprovvisti di ogni possibilità di soccorso. Ma Adriano lo fece in seguito demolire, temendo che i barbari – una volta sopraffatta la guarnigione posta a sua difesa – potessero irrompere in Mesia.

Lo storico bizantino Procopio di Cesarea (VI sec. d.C.) parla della deviazione di parte delle acque del Danubio, al fine di facilitare la navigazione sul fiume; tale ipotesi è stata confermata dal ritrovamento di un'epigrafe (45), che recita:

L'imperatore Cesare Nerva Traiano Augusto, figlio del divo Nerva, vincitore dei Germani, Pontefice Massimo, rivestito per cinque volte della potestà tribunizia, Padre della Patria, console per la terza volta, dopo aver deviato il fiume a causa del pericolo costituito dalle cateratte, rese sicura la navigazione sul Danubio.

Per facilitare l'accesso al ponte Traiano ristrutturò inoltre la vecchia strada romana che, aperta ai tempi di Tiberio (tra il 33 e il 34 d.C.) conduceva alla nuova infrastruttura sul Danubio, aprendosi il percorso attraverso le rocciose Gole di Kazan; tale iniziativa fu commemorata da una grande iscrizione larga 4 metri e alta 1,75, nota come *Tabula Traiana*, incisa direttamente sulla roccia dei rilievi che costeggiavano la strada, sul lato serbo del Danubio e rivolta verso la Dacia; essa, ornata con due delfini alati, rose a sei petali ed un'aquila dalle ali spiegate così recita:

L'imperatore Cesare Nerva Traiano Augusto, figlio del divo Nerva, vincitore dei Germani, Pontefice Massimo, rivestito per quattro volte della potestà tribunizia, Padre della Patria, console per la terza volta, scavando montagne e sollevando travi di legno ricostruì questa strada.

Della strada ristrutturata da Traiano, sommersa dalle acque dopo la costruzione di una diga nel 1973, nulla è più visibile salvo qualche breve tratto; la stessa Tabula Traiana, originariamente posta lungo il percorso, è stata salvata dall'innalzamento del livello delle acque unicamente grazie ad un provvidenziale sollevamento, per 20 metri, dell'imponente blocco di roccia in cui era stata scolpita, assieme a 7,5 metri della strada romana lungo cui essa sorgeva.

*
* *

Le condizioni di pace avevano lasciato l'amaro in bocca ai Daci e, dal canto suo, re Decebalo non intendeva rispettare una pace strappatagli *obtorto collo* e con condizioni così gravose per il suo popolo: nel 104, sebbene conscio della gravità del gesto, rapì con l'inganno il consolare Longino, comandante del presidio romano di Sarmizegetusa, e lo interrogò pubblicamente in modo plateale, senza peraltro potergli estorcere alcuna informazione, ragion per cui lo fece rinchiudere in carcere, per usarlo come moneta di scambio con Traiano.

Longino però, onde trarre il suo imperatore da una situazione di imbarazzo, convinse un liberto a procurargli del veleno e poi lo mandò al sicuro da Traiano, fingendo di inviarlo all'imperatore per supplicare per la propria salvezza. Di fronte all'inaspettato gesto suicida di Longino, Decebalo si infuriò e inviò a Traiano un altro prigioniero, un centurione, offrendo all'imperatore di restituirgli il corpo di Longino e altri dieci prigionieri romani vivi, se gli avesse in cambio almeno restituito il liberto che aveva aiutato Longino a togliersi la vita, ma Traiano trattenne anche il centurione presso di sé, dato che Decebalo, avendo rotto così ignobilmente i patti, non era più considerato dall'Ispanico un avversario degno di lealtà e fiducia.(46)

Oltre a questo grave atto, Decebalo disattese puntualmente le altre condizioni del trattato del 102, rinforzando segretamente le roccaforti che avrebbe invece dovuto smantellare, procedendo con arruolamenti di truppe non previsti ed ingaggiando tecnici e personale specializzato in territorio romano, in aperto spregio alle clausole che aveva solennemente accettato sia davanti all'imperatore che al Senato.

Nel medesimo periodo Decebalo ingaggiò una breve guerra contro gli Iazigi, alleati dei Romani, sconfiggendoli e strappando loro i territori che essi avevano occupato nel 102; questi atti di guerra furono seguiti da una sollevazione generale della Dacia occupata (fomentata evidentemente dallo stesso Decebalo), in seguito alla quale i fortilizi e le guarnigioni romane furono violentemente assalite. Anche la popolazione civile dacica partecipò alla rivolta, sebbene alcune tribù rimasero fedeli all'Impero. Alla luce di quanto accaduto, pertanto, una nuova guerra fra Daci e Romani risultava inevitabile.

Traiano partì da Roma alla testa della sua armata il 4 giugno del 105. Gli studiosi moderni hanno molto discusso se la sua partenza via nave sia avvenuta dal porto di Ancona o da quello di Brindisi, ma – alla luce delle considerazioni più recenti ed attendibili – pare proprio che l'imperatore sia salpato dai moli brindisini: i rilievi della Colonna Traiana mostrano infatti un porto in cui è immortalata una striscia d'acqua, stretta da un molo alla cui estremità si eleva un arco trionfale sormontato da tre statue virili nude: ingannati dalla presenza dell'arco, alcuni ricercatori lo hanno collegato istintivamente all'Arco di Traiano ad Ancona(47). Giustamente, però, Attilio Degrassi, in una comunicazione alla Pontificia Accademia Romana di Archeologia, dimostrò come l'Arco di Traiano fosse stato innalzato solo in epoca successiva alla partenza dell'imperatore (nel 115 d.C., ben dieci anni dopo), e non potesse pertanto figurare tra i rilievi della Colonna che ne narravano la partenza(48). L'arco in questione era infatti quello innalzato dal Senato a Brindisi in onore di Augusto nel 30 a.C., a conclusione della guerra civile con Marc'Antonio; del resto una partenza da Brindisi avrebbe consentito un viaggio più celere alla volta del teatro di guerra danubiano: la città, osserva giustamente Capriotti, "fu una base militare di prim'ordine per organizzare le campagne militari orientali, diventando nel corso del I sec. a.C. la chiave strategica d'Italia"(49).

Traiano salpò dunque da Brindisi di notte, alla luce delle fiaccole, approfittando del vento locale conosciuto come Iapyx, che, spirando da terra nelle ore notturne, spingeva le imbarcazioni a vela verso il mare aperto e l'altra sponda dell'Adriatico(50). Col favore del vento serale, approdò a Dyrrachium (l'odierna Durazzo, in Albania), seguendo l'antica rotta un tempo percorso da uno dei suoi modelli favoriti, Cesare, nella guerra civile contro Pompeo. Da Durazzo Traiano e le sue truppe, tra cui la guardia pretoriana, imboccarono la Via Egnazia, considerata il prolungamento oltremarino della Via Appia, costeggiando a nord il lago di Ocrida – tra le attuali Albania e Macedonia – e giungendo alla cittadina di

Lycnida; da qui l'imperatore marciò in direzione di Eraclea Lyncestis (oggi Bitola), dove emanò un decreto riguardante la manutenzione della strada, dopodiché proseguì per 300 chilometri verso la valle da Morava, in direzione prima di Margus e poi di Naissus, città che vedrà, circa due secoli dopo, la nascita di Costantino il Grande.

Da Naissus Traiano proseguì alla testa delle sue legioni attraverso l'agevole strada che conduceva a nord-est, in direzione dell'ansa del Danubio su cui sorgeva Drobeta, l'attuale Turnu Severin(51). Qui Traiano attraversò il Danubio grazie all'imponente ponte realizzato da Apollodoro di Damasco, guidando ancora una volta la colonna principale dell'armata romana, mentre altre truppe penetrarono nella regione da ovest, provenendo dalla Pannonia e risalendo le valli del Mureş e altre ancora, sopraggiungendo dalla Mesia Inferiore, avanzarono da sud-ovest e da sud, percorrendo le vallate del Jiu e dell'Olt, da dove penetrarono in Transilvania, attraversando gli impervi Carpazi(52).

I Daci evitarono per quanto possibile lo scontro in campo aperto con i Romani, ritirandosi sulle aree montuose e boscose, dove contavano di attirare in trappola il nemico, forti della loro maggior dimestichezza con il territorio; proprio per questo motivo Traiano, come rammenta Cassio Dione, preferì avanzare con circospezione, assediando una ad una le varie roccaforti nemiche e consolidando la presa di possesso del territorio piuttosto che buttarsi in inutili quanto rischiosi inseguimenti fra le balze carpatiche. Durante queste azioni belliche si espose anche in prima persona, partecipando ai combattimenti in prima linea e imitando in ciò Alessandro Magno, modello costante di riferimento assieme a Giulio Cesare(53):

Dunque Traiano, dopo aver costruito questo ponte ed aver oltrepassato il Danubio, condusse la guerra con maggiore prudenza e sicurezza, che non con ardore e prontezza. Tuttavia, alla fine, ridusse i Daci in suo potere dando personalmente prova di un valore straordinario, presto imitato in ciò dai suoi soldati.

L'impresa non era affatto facile, in quanto i Daci avevano rinforzato le loro ridotte montane munendole di muraglie e affidandone la difesa a piccoli ma tenaci reparti di esperti guerrieri daci, pronti a lottare coraggiosamente e con sprezzo del pericolo fino alla morte. Le fortificazioni daciche avevano però un vistoso punto debole, ovvero la mancanza di regolari rifornimenti di acqua potabile e la scarsità di cisterne, com'è stato documentato anche dalla ricerca archeologica, cosa che ne pregiudicava la resistenza ad oltranza(54).

Alla fine Traiano ebbe la meglio sulla "corona" di fortezze che impediva l'accesso a Sarmizegetusa, conquistandole una ad una e giungendo in vista della capitale di Decebalo nella primavera del 106 d.C. La città era posta su una serie di terrazze artificiali, sostenute da imponenti muraglie.

In mancanza del testo originale dei *Dacica* di Traiano, che sicuramente descriveva l'assedio con dovizia di particolari, possiamo almeno farcene un'idea con l'ausilio di altri scrittori antichi – *in primis* Rufino di Concordia, traduttore latino della *Guerra Giudaica* di Giuseppe Flavio – su cui abbiamo basato la nostra presente ricostruzione dell'inizio delle operazioni di assedio alla capitale di Decebalo(55):

Divisi quindi l'esercito in tre parti per l'esecuzione di tali lavori, e negli intervalli fra i terrapieni schierai i tiratori di giavellotto e gli arcieri, e davanti a costoro i frombolieri, le catapulte e le baliste per impedire ogni sortita del nemico contro i lavori in corso e ogni analogo tentativo da parte dei difensori posizionati sulle mura. Una volta abbattuti gli alberi, in breve i dintorni della città furono ridotti ad una landa desolata ma, mentre si trasportava il legname per i terrapieni e l'intero esercito attendeva alacremente all'opera. (...)

Innalzati tuttavia i terrapieni, i genieri ne misurarono la distanza dal muro scagliando un piombino legato ad un filo, né vi era un'altra maniera, essendo essi bersagliati dall'alto. E quando furono trovati i punti, ad intervalli regolari, contro cui far agire gli arieti, essi vennero messi all'opera. Poi ordinai di avvicinare le artiglierie per impedire ai nemici di disturbare l'azione degli arieti e diedi l'ordine di battere le mura da quattro postazioni differenti. Il fragore rimbombò da tutte le parti per la città, si levò un grande clamore dai cittadini e al contempo il terrore invase i nemici.

Ordinai di costruire quattro torri alte cinquanta cubiti ciascuna, collocandole su ognuno dei terrapieni per volgere più facilmente in fuga i difensori delle mura.

I Daci, che per il resto opponevano una valorosa resistenza, subivano gravi perdite a causa delle torri: erano infatti esposti al tiro delle macchine più leggere posizionate sopra di esse, oltre che dei lanciatori di giavellotto, degli arcieri e dei frombolieri. Essi non arrivavano a rispondere ai colpi di costoro per via della grande altezza né erano in grado di eliminare le torri, non potendo abbatterle facilmente per la loro mole e nemmeno incendiarle dato che erano rivestite di ferro. Se poi si ritiravano fuori tiro non potevano più ostacolare l'azione degli arieti, i cui colpi incessanti producevano sempre più effetto. E così le mura iniziarono già a cedere di fronte al più grande degli arieti romani.

Oramai il terrapieno era cresciuto fino quasi a raggiungere la merlatura delle mura; allora Decebalo, reputando cosa indegna non tentare nulla per salvare la città, radunò i lavoratori e ordinò loro di accrescere l'altezza delle mura. E quando costoro gli fecero osservare che era impossibile lavorare sotto una gragnola di colpi tanto fitta, egli escogitò questo modo per tenerli al riparo: sulla sommità del muro comandò di disporre una fila di pali e di appendervi pelli di buoi da poco scuoiati, cosicché queste attutissero con le loro pieghe i colpi delle pietre scagliate dalle macchine e frenassero anche gli altri proiettili, smorzando al contempo pure il fuoco grazie alla loro umidità. Difesi da questo riparo, i lavoratori si misero all'opera giorno e notte, così innalzarono il mura per un'altezza di circa venti cubiti, e vi inserirono molte torri, completandolo con una poderosa merlatura. Nei Romani, che già si vedevano penetrati nella città, ciò fu causa di grande scoraggiamento, ed essi rimasero colpiti dall'abilità di Decebalo e dall'ostinazione dei difensori.

I Daci dunque, ripreso coraggio a seguito del lavoro di fortificazione del muro, compivano sortite contro i Romani, ed ogni giorno avevano luogo attacchi da parte di piccoli gruppi che facevano ricorso a tutte le tattiche della guerriglia, depredando ciò che trovavano ed appiccando fuoco a tutto il resto, finché io, dopo aver ordinato di sospendere le operazioni di attacco, decisi di rafforzare il blocco, prendendo la città per fame: infatti, o costretti dalla necessità ci avrebbero implorato, o – se resistevano ad oltranza – sarebbero periti di inedia; se poi, dopo la pausa nelle operazioni, mi fossi gettato nuovamente all'attacco, speravo di poter piegare più facilmente la resistenza dei nemici ormai sfiniti dalle privazioni. Diedi pertanto l'ordine di sorvegliare tutte le vie d'uscita dalla città.

Quelli avevano abbondanza di grano e di tutto il resto, ma scarseggiavano d'acqua perché in città non si trovava alcuna sorgente e gli abitanti disponevano soltanto dell'acqua piovana. Anche al pensiero di ciò furono presi da un gran scoramento e già soffrivano come se l'acqua fosse terminata. Infatti Decebalo, vedendo che la città era rifornita in abbondanza di tutto il resto e che gli uomini erano pieni di ardore, nell'intento di prolungare l'assedio contro le aspettative dei Romani, aveva ben presto iniziato a razionare l'acqua ai cittadini. Ma quelli sentivano il razionamento più insopportabile della penuria e il non essere liberi di regolarsi da sé cresceva il desiderio di bere, e si tormentavano come se fossero giunti all'estremo limite della sete. Una tale situazione non fuggiva ai Romani che, spingendo lo sguardo oltre le mura dalle alture circostanti, li vedevano radunarsi in un unico luogo per ricevere la razione d'acqua, e molti ne uccidevano pure, colpendoli con le catapulte.

Comprendendo infatti come la sete fosse il suo più grande alleato, Traiano inflisse un duro colpo ai Daci, individuando la condotta d'acqua che riforniva la città e facendone interrompere il flusso dai suoi genieri: per i Daci fu un colpo mortale. Le successive sortite degli assediati vennero puntualmente respinte e Decebalo ordinò un severo razionamento delle scorte d'acqua, tanto che i rilievi della Colonna Traiana mostrano un gruppo di Daci stremati, intenti a dividersi le ultime razioni del prezioso liquido; tra costoro si trovavano sia i membri della nobiltà, ovvero i pileati, portatori del caratteristico cappello, sia ai comuni combattenti del popolo, i comati dalla testa scoperta e la barba fluente, accomunati dall'estrema, tragica sorte(56).

Traiano, dopo aver messo in ginocchio la guarnigione, ordinò un assalto generale alle mura che cingevano come una sorta di quadrilatero il centro di Sarmizegetusa, adoperando anche le scale d'assedio. La ricostruzione delle scene dell'assedio è resa drammaticamente dal racconto dello studioso spagnolo cinquecentesco Ciaconio, su cui ci siamo basati per restituire questa parte dei diari traianei(57):

Altri soldati romani, frattanto, tentarono di dare la scalata agli spalti fortificati delle mura, che i Daci difendevano strenuamente, scagliando contro gli assalitori dardi e grandi massi. I nostri vi appoggiarono le scale, salirono lungo il muro e con quell'assalto trucidarono un gran numero di difensori; i frombolieri, inoltre, lanciando sassi con le loro fionde impedivano ai Daci di accostarsi agli spalti, sicché il sangue scorreva dappertutto. Un soldato romano di nome † troncò la testa di un nemico con un sol colpo di spada, abbandonandone il cadavere decapitato sopra le mura. Anche un giovanissimo nipote di re Decebalo cadde in quel luogo combattendo valorosamente(58).

Un soldato inviato come messaggero venne da me, annunziandomi che i nemici asseragliati fra le mura si stavano difendendo con rabbia, che i Romani cadevano continuamente nel combattimento ingaggiato contro di essi e che versavano in un pericolo non trascurabile, a meno che non fossero inviati loro quanto prima dei rinforzi. Venuto a conoscenza di ciò accorsi con la schiera dei pretoriani, cosicché – dopo aver radunato tutti le truppe sparpagliate qua e là – ci si potesse lanciare con l'intera armata contro il nemico.

I Romani si riversarono in città e i Daci, disperati, diedero fuoco essi stessi agli edifici principali, onde almeno privare i nemici di parte del bottino; si consumò una serie di violenti scontri nei vari quartieri della capitale, ormai preda di un vasto incendio, mentre chi poteva si dava alla fuga. La capitale e i suoi templi vennero rasi sistematicamente al suolo e una guarnigione, installata successivamente sulle rovine fumanti, ebbe il compito di impedire per sempre ai Daci l'accesso al sito, sia pure per motivi religiosi.

Decebalo stesso, con un gruppo di cavalieri daci, riuscì a sfuggire alla cattura e riparò in un luogo non distante da Sarmizegetusa, da dove poté ammirare sgomento la presa e l'incendio della sua grande città ma al contempo riorganizzare i demoralizzati guerrieri del suo seguito(59). Fattosi animo egli tenne un discorso alle truppe, che così ricostruisce il Ciaconio(60):

Decebalo, dopo aver perduto la propria capitale ed essendo stato il suo paese ridotto quasi interamente in condizione di provincia del popolo romano, sottrattigli inoltre i tesori [dal nemico], rivolse, dalla sommità di un'altura, un discorso ai propri soldati, in cui lamentò che, nel suo destino avverso, non vi fosse nessuna afflizione che con forte animo non potesse sopportare, fatta eccezione per la schiavitù e l'umiliazione inferta alla sua maestà regale, e dato che a queste ultime disgrazie gli era negato sottrarsi, aveva stabilito di darsi la morte: che loro stessi accettassero la cosa, dato che essa – al momento opportuno – risparmia gli uomini dal subire qualsivoglia male. Avendo proposto quest'estrema soluzione ai Daci, molti rifiutarono di seguirlo, giudicando troppo dura questa decisione, alcuni invece acconsentirono, rispettando il proprio voto di fedeltà [al re], seguendolo e restando pronti a subire per esso anche la morte.

Decebalo si diresse con i suoi fedelissimi verso nord-est, nell'estremo tentativo di raggiungere le numerose fortificazioni della zona ed animarvi la resistenza all'invasore romano, impelagandolo in un'annosa guerriglia che avrebbe potuto disperderne e fiaccarne le forze. Tuttavia la zona era ormai accerchiata dalle forze armate imperiali e uno squadrone dell'ala II Pannonica inseguì di gran lena il re con i suoi compagni; fra i cavalieri romani che vi facevano parte, intenti a tallonare i Daci fuggitvi, si trovava anche Tiberio Claudio Massimo, la cui pietra tombale venne fortunosamente rinvenuta negli anni Sessanta a Filippi, in Macedonia, pietra che è un utile complemento della drammatica scena del suicidio di Decebalo raffigurato nella Colonna Traiana(61). Decebalo infatti, oramai quasi preso dai Romani e oppresso dalla somma angoscia, disperando di poter sfuggire al nemico e al contempo non volendo finire in catene, umiliato e trascinato dietro il carro trionfale del vincitore, afferrò il proprio pugnale e si suicidò, tagliandosi con aria di sfida la gola di fronte all'attonito Claudio Massimo, che invano tentò di impedirne il gesto(62). Non pochi capi dei Daci si inflissero in quel frangente lo stesso genere di morte, chi di propria mano, chi inducendo i propri sottoposti a farlo, procurandosi in tal modo vicendevolmente la morte.

Claudio Massimo tagliò la testa ed il braccio destro dal corpo inerte di Decebalo, portandoli a Traiano, che in quel momento si trovava nella fortezza di Ranisstorum; l'imperatore ricompensò il giovane cavalieri ed esibì il capo mozzato ai capi daci prigionieri che, costernati, compresero come ogni resistenza fosse ormai vana. La testa di Decebalo, certamente imbalsamata, venne poi mandata a Roma e, come ricordano i *Fasti Ostienses*, gettata sulle scalinate delle Gemonie, ai piedi del Campidoglio, luogo riservato ai traditori, in quanto il re dace aveva infranto i giuramenti di pace siglati al termine del primo conflitto; da qui il capo mozzato venne successivamente gettato nel Tevere. Così terminò l'esistenza eroica del "Cuore Impavido" dei Carpazi(63).

Il bottino ricavato dalla conquista della Dacia, secondo Critone(64), medico personale di Traiano, fu enorme, tanto che il Foro di Traiano a Roma fu interamente finanziato *ex manubiis*, cioè con il bottino di guerra.

Avendo conquistato la Scizia per primo con Decebalo, che era a capo dei Geti, Traiano il Grande portò con le armi ai Romani, come asserisce Critone, che partecipò alla guerra, cinque milioni di libbre d'oro, il doppio d'argento, senza contare le coppe e le suppellettili che avevano oltrepassato il limite di questo valore, nonché gli armenti, le armi e oltre cinquecentomila tra gli uomini più bellicosi.

Cassio Dione (*Storia romana*, LXVIII, 14, 5) racconta inoltre come Decebalo, sapendo dell'arrivo dei Romani, avesse tentato di occultare parte del proprio tesoro regio sotto il letto del fiume Sargezia, facendo poi giustiziare gli esecutori materiali dell'incarico: l'episodio ha un che di truculento, ma potrebbe contenere un briciolo di verità, dato che ricorda il costume dei nomadi sciti di inumare i principi con i loro tesori al di sotto del corso di un fiume. Si stima che il tesoro di Decebalo ammontasse a circa 2800 milioni di sesterzi, vale a dire – grosso modo – 160 milioni di euro. Il tentativo fu senz'altro ingegnoso ma inutile, dato che il luogo del nascondiglio fu rivelato ai vincitori dalla delazione di un amico del defunto re, di nome Bicilis:

Il luogo dov'erano nascosti i tesori del re sconfitto, consistenti in oro, argento, pietre preziose ed altre suppellettili di gran valore, fu rivelato da uno dei più intimi amici di Decebalo, un prigioniero di guerra chiamato Bicilis; i tesori si rinvennero in alcune fosse scavate nei pressi del palazzo reale, sotto il letto del fiume Sargezia, il cui corso era stato fatto deviare dal lavoro degli schiavi. Nelle grotte scoperte al di sotto di esso, si trovarono in gran quantità delle vesti preziose. Queste stesse grotte erano state scavate sempre tramite gli schiavi, che Decebalo aveva avuto la spietatezza di fare assassinare non appena concluso il lavoro, per paura che potessero tradire il suo segreto.

I rilievi della Colonna ritraggono comunque gli ultimi istanti della vita di Decebalo con palese ammirazione e rispetto; come ebbe giustamente ad osservare Roberto Paribeni, "raramente l'arte di un popolo vincitore, celebrando la propria vittoria, ha saputo trovare accenti di così nobile rispetto per i vinti"(65).

L'11 agosto del 106 d.C., in base al primo diploma militare emesso dopo la vittoria finale, la provincia di Dacia risulta già formalmente istituita(66). Il periodo immediatamente successivo alla conquista, una volta eliminati gli ultimi focolai di resistenza da parte di alcune bande armate di Daci nelle regioni nord-orientali, fu dedicato da Traiano alla sistemazione e all'organizzazione della nuova provincia: il territorio della Dacia romana testé conquistata comprendeva il Banato, la Transilvania nord-occidentale e quella sud-orientale, nonché le regioni orientali dell'Oltenia. Alcune zone a nord del Danubio, vale a dire la Valacchia, la Moldavia meridionale, l'Oltenia orientale e il sud-est della Transilvania, furono assegnate amministrativamente alla Mesia Inferiore Il primo governatore della provincia fu Giulio Sabino, a cui successe poi Decimo Terenzio Scauriano. Costoro, essendo la Dacia una provincia imperiale, furono affiancati da un procuratore di rango equestre, nominato direttamente dall'imperatore e non sottoposto al governatore, i cui compiti principali erano la gestione delle finanze e la paga dell'esercito ivi stanziato(67).

La difesa della neonata provincia contemplava la presenza di due legioni, ossia la XIII Gemina, di stanza ad Apulum, e a IV Flavia Felix, a Berzobia, una vessillazione della I Legione Adiutrix e alcuni reparti di ausiliari composti da sei *alae quingenariae* e 23 coorti, dislocate a seconda delle zone più o meno minacciate.

Alla Dacia, dopo la conquista, non poté essere applicato il consueto sistema di governo usato solitamente dai Romani al momento dell'acquisizione di una nuova provincia: l'élite locale infatti – vale a dire l'aristocrazia dace formata dai comati – era stata decimata o annichilita dal conflitto, perdendo vita, terreni e poteri effettivi in seguito al gravissimo conflitto e, del resto, il sistema politico-religioso incardinato sui templi di Sarmizegetusa era andato distrutto, e con esso l'autorità stessa della nobiltà, fedele ad oltranza al proprio re. Come annota Livio Zerbini, "le élite dirigenti della società dacica, essendosi strenuamente opposte sino alle estreme conseguenze, erano state distrutte, se non proprio fisicamente, almeno socialmente: la classe sacerdotale era stata completamente annientata, così come la religione statale; la stessa nobiltà guerriera dopo il crollo dello Stato dacico era scomparsa totalmente"(68) e Roma si era quindi trovata nell'insolita situazione di mancanza di un interlocutore locale a cui appoggiarsi, delegando ad esso il governo effettivo, nel rispetto di usi e costumi tradizionali (pensiamo al notissimo caso del Sinedrio in Giudea o a quello dei vari consigli cittadini delle *poleis* greche).

La Colonna Traiana, del resto, mostra nelle sue ultime scene i reparti degli ausiliari scovare gli ultimi gruppi di fuggitivi daci tra le impervie regioni dei Carpazi, disarmandoli e scortandoli con le loro famiglie ed i rispettivi greggi ed armenti verso il confine della provincia, da dove sarebbero stati in qualche modo "espulsi"(69). Lo storico Eutropio, nel IV secolo, ricorda come la Dacia fosse rimasta pressoché spopolata in seguito alle due cruente guerre di conquista(70). In seguito a ciò e all'oggettivo calo demografico dovuto a morti, emigrazioni e mancate nascite, si rese necessario da parte di Traiano favorire una massiccia immigrazioni di coloni romani provenienti dalle varie province dell'Impero, specialmente da quelle occidentali e di lingua latina.

La prima e più importante operazione di colonizzazione fu, da parte di Traiano, la fondazione della colonia di Ulpia Traiana Sarmizegetusa, dedotta dal governatore Decimo Terenzio Scauriano poco dopo la costituzione della regione in provincia: la nuova città distava alcune decine di chilometri dall'antica (ed omonima) capitale di Decebalo, ed era posta in una pianura pedemontana all'uscita delle Porte di Ferro; aveva forma rettangolare ed il centro era occupato da un monumentale foro che negli anni si arricchì di edifici in pietra e mattoni. La maggior parte dei coloni, a cui fu assegnato un ampio territorio coltivabile, era costituita dai veterani delle legioni che avevano preso parte alla conquista, e dalle loro famiglie "ufficiose", in quanto, com'è noto, ai soldati era proibito sposarsi durante il servizio sotto le armi, anche se di fatto la maggior parte di essi aveva al seguito donne, bambini e parenti acquisiti, che erano soliti sistemarsi in piccoli nuclei urbani al seguito dei vari accampamenti dell'armata(71).

A ciò si aggiunga la presenza dei coloni civili, in larga parte spontanea: essa era alimentata da individui che, assieme alle loro famiglie e ai rispettivi schiavi, si sobbarcarono il trasferimento in Dacia con la speranza di sfruttare tutte le opportunità che la fervida ed indaffarata fase di costituzione della nuova provincia prometteva di offrire. Un esempio valido per molti può essere quello degli Illiri, provenienti dalla Dalmazia centrale, che si insediarono come coloni presso le miniere auree dei Carpazi Occidentali (un centro di primaria importanza era Alburnus Maior), facendole funzionare molto presto a pieno regime; consistenti gruppi di Galli vennero insediati invece nei pressi di Napoca(72). Interessante è anche la presenza di Italici, che – anche se non molto numerosi – rivestirono un ruolo importante nell'amministrazione e nel processo di rapida romanizzazione della provincia.

La tranquillità della neonata provincia fu però ben presto minacciata da un conflitto con gli Iazigi: questa tribù germanica, infatti, aveva sostenuto i Romani nella I Guerra Dacica, ma come ritorsione Decebalo aveva invaso ed occupato parte dei loro territori nel periodo tra le due guerre; dopo la sconfitta dei Daci e la morte di Decebalo, Traiano aveva conquistato tutte queste aree (corrispondenti grosso modo al Banato occidentale), ma si era rifiutato di restituirle agli Iazigi, incorporandole di fatto nei dominî imperiali(73).

Gli Iazigi, risentiti, mossero in armi contro i Romani ma il conflitto si risolse con una netta e schiacciante vittoria di questi ultimi, guidati dal generale – nonché futuro imperatore – Adriano, il quale sgominò i Germani e annientò anche i Sarmati, che con i loro cavalieri catafratti minacciavano a loro volta la stabilità della Dacia(74). Un'iscrizione proveniente dalla Serbia, lasciata dalla II Coorte *Hispanorum*, di stanza in Dacia, fu dedicata a seguito della vittoria riportata sui barbari in onore di Marte Ultore ("Vendicatore"), "per la salute dell'imperatore Traiano"(75).

Alcuni anni dopo, nel 114, Traiano ritenne che la situazione in Dacia si fosse stabilizzata a sufficienza perché alcune truppe potessero essere richiamate ed inviate a sostenere la sua grande guerra sul fronte partico: queste forze consistevano in un distaccamento di cavalleria proveniente dalla Mesia Inferiore e dalla Dacia, comandate dal generale Lucio Pacomio Proculo(76), assieme alla Legione I Adiutrix e ad alcune vessillazioni della Legione XIII Gemina.

La grande vittoria dell'imperatore suscitò un incontenibile entusiasmo nell'Urbe, dove egli tornò tra il tripudio generale, per celebrarvi un fastoso trionfo (il secondo, dopo quello goduto al termine della i Guerra Dacica): i festeggiamenti durarono ben 123 giorni, con la parata delle legioni vittoriose, la sfilata dei prigionieri e dell'immenso bottino di guerra, cerimonie, laute donazioni in cibo e denaro alla plebe e, soprattutto, l'allestimento di spettacolari giochi gladiatorî nel Colosseo, dove vennero uccisi circa 11.000 animali selvaggi ed esotici e si scontrarono ben 10.000 gladiatori(77). Infine, la costruzione del Foro di Traiano e della sua famosa colonna istoriata con le scene salienti delle due guerre, basate sui perduti *Commentarii* dell'imperatore, garantì che il conflitto divenisse uno dei più pubblicizzati dell'intera storia romana.

Come si diceva, il bottino catturato ai Daci rimpinguò non solamente le casse esauste dell'erario romano, ma servì anche a finanziare la costruzione del Foro Traiano a Roma, il più illustre ed insigne complesso di monumenti celebrativi mai visto nell'Urbe, che Traiano commissionò al più grande architetto della sua epoca, Apollodoro di Damasco. Ma cediamo volentieri la parola a Jérôme Carcopino, l'insigne studioso francese che mai come altri seppe illustrare la bellezza della grande piazza traianea al massimo del suo splendore(78):

Qui, veramente, tra il 109 e il 113, Traiano seppe portare a termine un'opera che non solo suscita la nostra ammirazione, ma risponde al nostro gusto. (…) L'insieme del Foro di Traiano raggruppava in un complesso quanto mai coerente e armonico una pubblica piazza o *Forum*, una basilica giudiziaria, due biblioteche, la famosa Colonna che sorgeva tra questi due edifici e un immenso mercato coperto (…). Il Foro e la basilica furono inaugurati da Traiano il 1° gennaio del 112, la Colonna il 13 maggio del 113.

(...) In primo luogo, cominciando da sud, la maestosa semplicità del *Forum* propriamente detto: una vasta spianata lastricata, lunga 116 metri e larga 95, circondata da un portico sostenuto, dal lato dell'entrata, a mezzogiorno, da un solo ordine di colonne e da un colonnato doppio agli altri tre lati. Ad est il muro di fondo, in peperino rivestito di marmo, si incurvava nel centro a formare un emiciclo di 45 metri di profondità. Nel centro della piazza sorgeva la statua equestre, in bronzo dorato, dell'imperatore: a questa facevano corteggio, fra gli intercolumni del circuito, statue più modeste di uomini illustri che con la spada o con la parola avevano reso servigi all'Impero. Tre scalini di marmo giallo conducevano dalla statua all'entrata della Basilica Ulpia, così chiamata dal nome gentilizio di Traiano. Questa, che misurava 149 metri da est ad ovest, e 55 da nord a sud, sopraelevata di un metro sul *Forum*, lo superava anche in opulenza.

Era un'immensa sala ipostila, di stile orientale, alla quale si accedeva da sud, da uno dei suoi lati lunghi; suddivisa da quattro colonnati interni, con un totale di 96 colonne, in cinque navate dalla lunghezza di 130 metri – di cui quella centrale raggiungeva i 25 metri di larghezza – pavimentata in tutta la sua estensione da marmi di Luni, e coperta da tegole di bronzo, questa sala era contornata da un portico, i cui vuoti erano occupati da sculture; infine, la trabeazione ripeteva parecchie volte, su ogni facciata, la breve e fiera iscrizione *e manubiis*: "eretta col bottino" (il bottino tolto ai daci di Decebalo).

Oltre la basilica, e sopraelevati rispetto al suo livello inferiore di tanto quanto questa superava il piano del *Forum*, si estendevano, parallelamente ad essa, i rettangoli delle due biblioteche chiamate anch'esse Ulpie (...), una destinata ai volumi greci, l'altra ai volumi latini e agli archivi imperiali (...). Le biblioteche erano separate l'una dall'altra da uno stretto quadrilatero, di 24 X 16 metri, in mezzo al quale si elevava, e tutt'ora si eleva quasi intatta, la meraviglia delle meraviglie: la Colonna Traiana.

La Colonna Traiana, la cui realizzazione fu ugualmente affidata ad Apollodoro, è sorretta da un cubo in pietra, di 5 metri e mezzo d'altezza; nel lato sud si apriva una porta in bronzo, sormontata da una scritta dedicatoria che ricorda come, per la realizzazione del monumento, fosse stata sbancata letteralmente una sella del monte Quirinale di altezza pari a quella della Colonna(79):

Il Senato e il Popolo Romano
all' Imperatore Cesare Nerva Traiano Augusto, figlio del Divo Nerva,
conquistatore in Germania e Dacia, Pontefice massimo, investito della

potestà tribunicia per 17 volte,
proclamato *Imperator* per 6 volte, eletto console per 6 volte, Padre della
Patria:
per far conoscere di quanta altezza il monte e il luogo siano stati ridotti,
con così grandi lavori.

All'interno del basamento si trovava una piccola stanza che avrebbe un giorno ospitato le ceneri di Traiano e quelle di sua moglie Plotina.

Il fusto della Colonna, interamente in marmo, è leggermente rastremato verso l'alto per compensare l'effetto ottico del rimpicciolimento, e misura 3,70 metri di diametro per 29,77 metri di altezza, pari a 100 piedi romani (da qui il nome alternativo di "Colonna Centenaria"). Esso racchiude una scala a chiocciola che, tramite 185 gradini in marmo bianco, porta ad una piattaforma sulla sommità della Colonna, su cui svettava un tempo una statua in bronzo dorato di Traiano, sostituita nel 1587 da papa Sisto V con una statua di San Pietro, ancor oggi visibile, sebbene deteriorata dall'intenso traffico romano. Su 17 colossali tamburi di marmo si svolgono 23 pannelli di una spirale (che, posta orizzontalmente, misurerebbe circa 200 metri), lungo la quale si succedono, come in film, le scene delle due Guerre Daciche, separate dalla figura di una Vittoria alata. Le immagini furono sicuramente basate sui perduti *Commentarii de bello Dacico* suddivisi forse in quattro libri) composti dallo stesso imperatore durante il conflitto, e di cui in questa stessa sede abbiamo proposto un'ipotetica ricostruzione. In origine tutte le migliaia di figure incise sulla Colonna erano dipinte con vivacità e dotate di inserti metallici che rilucevano sotto il sole, ma oggi il tempo ha cancellato questa meravigliosa sfumatura cromatica. Fatto sta che la Colonna è e resterà il più gran monumento che un sovrano abbia mai eretto per celebrare il valore dei suoi soldati, veri protagonisti del fregio spiraliforme, nonché per riconoscere il coraggio dei nemici vinti e domati, i Daci.

NOTE

(1) P. MATYSZAK, *I grandi nemici di Roma antica*, Newton Compton, Roma 2005, p.196.

(2) A. VULPE, *Storia e Civiltà della Dacia preromana*, in G.A. POPESCU (a cura di), *Traiano ai confini dell'Impero*, Mondadori Electa, Milano 1998, p. 104.

(3) Sulla figura di Burebista resta fondamentale lo studio di I.H. CRIŞAN, *Burebista and His Times*, Editura Academiei Republicii Socialiste Romania, Bucureşti 1978.

(4) STRABONE, *Geografia*, VII, 3, 11.

(5) ORAZIO, *Odi*, 3, 8.

(6) Con una certa libertà MATYSZAK, *I grandi nemici di Roma…*, cit., p. 199, ne traduce il nome con "Cuore Impavido"; al di là dell'esatto significato del nome, le fonti concordano nell'attribuirgli un coraggio fuori del comune.

(7) D. TUDOR, *Decebal şi Traian*, Editura Ştiinţifică şi Enciclopedică, Bucureşti 1977

(8) CASSIO DIONE, *Storia romana*, LXVIII, 6.

(9) ID., *ivi*.

(10) W. DEN BOER, *The native Country of Lusius Quietus*, "Mnemosyne", 4, 1, 1948, p. 328.

(11) AMMIANO MARCELLINO, *Storie*, XXIX, 5, 4.

(12) U. ROBERTO, *L'eredità di Traiano: la vicenda di Lusius Quietus nel pensiero di Temistio (Or. XVI 204D-205A)*, p. 15<https://www.academia.edu/2430156/L_eredit%C3%A0_di_Traiano_la_vicenda_di_Lusius_Quietus_nel_pensiero_di_Temistio_Or._XVI_204D-205A_>

(13) ARRIANO, *Parthica*, FrGrHist 156F, 49b; MAURIZIO IMPERATORE, *Strategikon*, IX, 2.

(14) BENNETT, *Trajan*, cit., p. 88.

(15) A. FREDIANI, *I grandi generali di Roma antica*, Newton Compton, Roma 2006, p. 446.

(16) Le notizie sulle legioni sono desunte da M. LUCCHETTI, *Le armi che hanno cambiato la storia di Roma antica*, Newton Compton, Roma 2018, pp. 77-86.

(17) STRABONE, *Geografia*, VII, 3, 13.

(18) APOLLODORO DI DAMASCO, *L'arte dell'assedio*, 137-140.

(19) A.M. LIBERATI, *Le* ballistae *della Colonna Traiana*, in APOLLODORO DI DAMASCO, *L'arte dell'assedio*, a cura di A. La Regina, Mondadori Electa, Milano 1999, pp. 115-121.

(20) L. ZERBINI, *Le guerre daciche*, Il Mulino, Bologna 2015, p. 46; ID., *Traiano*, cit., p. 114.

(21) S. FACCINI, *Le* alae *dell'esercito romano in Dacia. Analisi storica e catalogo delle fonti epigrafiche, archeologiche e numismatiche*, Tesi di Dottorato, Università degli Studi di Ferrara, a.a. 2007-2009, p. 17.

(22) BENNETT, *Trajan*, cit., pp. 91-92.

(23) ZERBINI, *Traiano*, cit., pp. 117-118.

(24) TRAIANO, *Commentarii de bello Dacico*, I, 39-48 Rizzotto.

(25) È nota la devozione di Traiano verso Giove; lo studioso spagnolo Ciaconio, ritenendo si trattasse non di Giove Pluvio ma di Giove Ottimo Massimo nella sua veste di signore degli dèi, ne deduce che i Daci risultassero accecati dai raggi solari, asserendo: "I Daci furono costretti a serrare i propri occhi, quasi accecati, mentre i Romani, con la luce alle spalle, afferrarono la felice occasione di conseguire il beneficio della vittoria. Difatti il sole si era ormai posto davanti ai volti degli avversari, impedendo loro di vedere in modo ottimale"; un'analisi attenta dei rilievi mostra però l'effettiva presenza di pioggia, con tanto di fulmini. L'episodio ne ricorda con prepotenza un altro molto simile, raffigurato sulla Colonna di Marc'Aurelio e citato anche da CASSIO DIONE, *Storia Romana*, LXXII, 8-9, riferito alle guerre contro Quadi e Marcomanni di questo imperatore: "Mentre i Romani erano in pericolo durante la battaglia, il potere divino li salvò in modo del tutto inaspettato. I Quadi li avevano circondati in un luogo favorevole per loro e i Romani combattevano animosamente con gli scudi legati l'uno all'altro; allora i barbari sospesero la battaglia, pensando di prenderli facilmente per il caldo e la sete. Quindi, avendo chiuso i passaggi tutto intorno, li circondarono in modo che non potessero prendere acqua da nessuna parte; i barbari infatti erano molto superiori di numero. I Romani dunque erano in una situazione disastrosa per il caldo e le ferite, per il sole e la sete e così non potevano né combattere né ritirarsi, ma stavano schierati e ai loro posti, bruciati dal sole, quando improvvisamente si raccolsero molte nuvole e cadde una pioggia abbondante non senza interposizione divina. E vi è infatti una storia secondo la quale un certo Arnufis, un mago egiziano che accompagnava Marco Aurelio, avrebbe invocato alcuni demoni e in particolare Ermes, dio dell'aria, con degli incantesimi e in questo modo avrebbe attirato la pioggia"; si vedano a tal proposito J. GUEY, *Le date de la pluie miraculeuse et la colonne Aurelienne*, "Mélanges de l'Ecole Francaise de Rome", 60, Paris 1948, pp. 105-127; 61,

1949, pp. 93-118; S. PEREA YÉBENES, *La legion XII y el prodigio de la lluvia en época del emperador Marco Aurelio*, Signifer Libros, Madrid 2002; M. SORDI, *Le monete di Marco Aurelio con Mercurio e la «pioggia miracolosa»*, in EAD., *Scritti di Storia romana*, Vita e Pensiero, Milano 2002, pp. 55-70.

(26) Non abbiamo idea di quale fosse la sua precisa identità, anche se dallo spazio riservatogli nella narrazione della Colonna (e di conseguenza in quella originaria dei *Dacica* traianei) poteva trattarsi di un parente di Decebalo.

(27) Difficile e azzardato fare congetture sul numero preciso delle vittime da ambo le parti e sui relativi prigionieri, anche se dovette essere piuttosto consistente. J.I. LAGO, *Trajano, las campañas de un emperador hispano*, Guerreros y Battallas, Almena Ediciones, Madrid 2008, p. 73, propone 2.000 caduti sui 51.780 Romani presenti e 15.000 morti dei 50.000 Daci partecipanti allo scontro.

(28) LAGO, *Trajano...*, cit., pp. 69-73.

(29) FACCINI, *Le alae dell'esercito romano in Dacia*, p. 17.

(30) ZERBINI, *Traiano*, cit., p. 118.

(31) ZERBINI, *Le guerre daciche*, cit., p. 49.

(32) ID., *ivi*, cit., p. 50.

(33) ID., *ivi*, cit., p. 51.

(34) CASSIO DIONE, *Storia romana*, LXVIII, 8.

(35) FACCINI, *Le alae romane...*, cit., p. 18.

(36) R. VULPE, *Capturarea surorii lui Decebal*, "Sargeţia", 4, p. 75.

(37) CASSIO DIONE, *Storia romana*, LXVIII, 9, 3-4.

(38) FACCINI, *Le alae romane...*, cit., pp. 19-20.

(39) CASSIO DIONE, *Storia romana*, LXVIII, 8, 2.

(40) ID., *ivi*, LXVIII, 9, 4-6.

(41) FACCINI, *Le alae romane...*, cit., p. 20.

(42) ZERBINI, *Le guerre daciche*, cit., p. 56.

(43) FACCINI, *Le alae romane...*, cit., p. 21 e n. 64.

(44) PROCOPIO DI CESAREA, *Sugli edifici*, IV, 6.

(45) CASSIO DIONE, *Storia romana*, LXVIII, 13, 1-6.

(46) Il ponte poggiava su venti piloni di pietra alti una quindicina di metri, sviluppandosi per una lunghezza di milleduecento metri circa, ed era protetto alle due estremità da possenti fortini.

(47) *ANNÉE ÉPIGRAPHIQUE*, 1973, 475.

(48) CASSIO DIONE, *Storia romana*, LXVIII, 12, 1-5; MATYSZAK, *I grandi nemici di Roma...*, cit., p. 204.

(49) N. ALFIERI, *Topografia storica di Ancona antica*, "Atti e Memorie della Deputazione di Storia Patria per le Marche", serie V, vol. II-III, 1938, p. 188.

(50) A. DEGRASSI, *La via seguita da Traiano nel 105 per recarsi nella Dacia*, "Rendiconti della Pontificia Accademia Romana d'Archeologia", 22, 1946-1947, pp. 167-183.

(51) T. CAPRIOTTI, *Ancona o Brindisi? Considerazioni sulla scena LXXIX Cichorius del rilievo della Colonna Traiana*, in "Hesperìa", 32, Studi sulla Grecità di Occidente, a cura di F. Raviola, con L. Braccesi e G. Passatelli, L'Erma di Bretschneider, Roma 2015, pp. 351-371, spec. p. 363.

(52) AULO GELLIO, *Notti attiche*, 2, 22, 21; SERVIO, *Commento all'Eneide*, 8, 710, definisce lo *Iapyx* come il vento che, "spirando dall'Apulia, conduce ottimamente in Oriente". Sul fenomeno di questa brezza serotina, spirante due ore dopo il tramonto, si veda con profitto V.A. SIRAGO, *Da Brindisi al Danubio: itinerario di Traiano nel 105*, in S. Santelia (a cura di), *Romanità orientale e Italia meridionale dall'Antichità al Medioevo. Paralleli storici e culturali*, Atti del II Convegno di Studi italo-romeno, Bari 19-22 ottobre 1998, Edipuglia, Bari 2000, pp. 135-146.

(53) Per l'intera ricostruzione del tragitto si veda SIRAGO, *Da Brindisi al Danubio*, op. cit., *passim*.

(54) FACCINI, *Le* alae *romane…*, cit., p. 23.

(55) CASSIO DIONE, *Storia romana*, LXVIII, 14, 1.

(56) ZERBINI, *Le guerre daciche*, cit., pp. 65-66.

(57) TRAIANO, *Dacica*, IV, 13-17 Rizzotto.

(58) ZERBINI, *Le guerre daciche*, cit., p. 66.

(59) CIACONIO, *Historia utriusque belli Dacici a Traiano Caesare gesti*, 283-284; TRAIANO, *Dacica*, IV, 19-20 Rizzotto.

(60) Il testo del Ciaconio non identifica chi fosse questo "*pulcher adulescens*", ma la delicatezza delle fattezze raffigurata nella Colonna e l'enfasi che è data dai rilievi alla sua morte fa sospettare che fosse un nobile o – come congetturiamo qui – un giovane familiare di Decebalo.

(61) ZERBINI, *Le guerre daciche*, cit., p. 67.

(62) CIACONIO, *Historia…* cit., 309-313; TRAIANO, *Dacica*, IV, 25 Rizzotto.

(63) *ANNÉE ÉPIGRAPHIQUE*, 1974, 589.

(64) ZERBINI, , *Le guerre daciche*, cit., pp. 67-69.

(65) *INSCRIPTIONES ITALIAE*, XIII.1, p. 199; L. ROSSI, *Rotocalchi di pietra*, Jaca Book, Milano 1980, p. 192.

(66) CRITONE, *Getica*, F1; GIOVANNI LIDO, *De magistratibus*, II, 28.

(67) R. PARIBENI, *Traiano*, Istituto di Studi Romani, Roma 1941, p. 22.

(68) FACCINI, *Le* alae *romane*..., cit., p. 24.

(69) EAD., *ivi*.

(70) L. ZERBINI, *Gli Italici nella Dacia romana*, Rubbettino, Soveria Mannelli 2012, p. 9.

(71) Si veda M. LŐRINCZI, *Le scene finali delle due guerre daciche raffigurate sulla Colonna Traiana: i commentari di Alfonso Chacón (XVI secolo) e di Wilhelm Froehner, John Hungerford Pollen, Conrad Cichorius (XIX secolo)*, <http://cisadu2.let.uniroma1.it/air/docs/interventi/Chacon-Colonna-Traiana.pdf> 6 agosto 2010, con relativa nota bibliografica a p. 16.

(72) EUTROPIO, *Breviario di storia romana*, VIII, 6, 2.

(73) ZERBINI, *Gli Italici*..., cit., pp. 12-13.

(74) ID., *Gli Italici*..., cit., p. 14.

(75) CASSIO DIONE, *Storia romana*, 68, 10, 3.

(76) SPARZIANO, *Vita di Adriano*, 3, 9.

(77) FACCINI, *Le* alae *romane*..., cit., pp. 25-26.

(78) *CIL*, III, 32933.

(79) ZERBINI, *Traiano*, cit., p. 168.

Introduzione ai *Dacica*

Per gli storici delle guerre daciche di Traiano c'è almeno la consolazione della Colonna. Solinga sulla rovina mesta delle fonti letterarie, essa ancora offre una immagine di quel che fu la conquista della Dacia. Ma per gli storici della guerra partica — l'ultimo e più importante periodo del regno di Traiano — non c'è conforto: il materiale è scarso, elusivo, spesso malfido. Solo forse lo scavo nelle sabbie del deserto siriaco potrà rivelare i particolari di una guerra che in meno di tre anni dopo risonanti successi e acquisto di vastissimo territorio, si concluse con un ritorno alle frontiere precedenti.

Arnaldo Momigliano, *Quinto contributo alla storia degli studi classici e del mondo antico*,
Edizioni di Storia e Letteratura, 1975, p. 1003

Tra le molte fonti perdute sulla storia delle due guerre daciche condotte da Traiano tra il 101 e il 106 d.C. per la sottomissione della Dacia (corrispondente grosso modo all'odierna Romania) di due in particolare il grande studioso Luigi Cantarelli lamentava la perdita: i *Commentarii de bello Dacico*, opera dello stesso imperatore Traiano, e le *Memorie* di Critone, medico dell'imperatore e presente personalmente sul campo durante il durissimo ed emozionante conflitto.

Di Traiano si può dire senza tema di essere smentiti che era degno di stare alla pari dei più grandi condottieri del mondo romano come Scipione e Giulio Cesare e che, dal punto di vista dell'affabilità, della liberalità e della giustizia in campo sociale verso i meno fortunati, potrebbe essere tranquillamente annoverato tra i migliori sovrani del mondo antico (*felicior Augusto melior Traiano*, così, teste Eutropio, il Senato salutava l'intronizzazione di nuovi imperatori).

Allorché però andiamo ad indagare la sua formazione e propensione letteraria le cose si fanno alquanto più complicate, in quanto sicuramente il Nostro rischia seriamente di venire schiacciato dall'ombra di più blasonati colleghi, come suo cugino e successore Adriano, Marco Aurelio o, per riandare ad un'epoca precedente alla sua, l'enciclopedico Claudio o il fecondissimo Cesare, tanto – e giustamente – acclamato da Cicerone nel suo *Bruto*.

Questa visione, tuttavia, non è affatto generosa, né storicamente corretta. Dopo il 107 Traiano aveva infatti pubblicato un resoconto dei due conflitti dacici, conosciuti con il titolo di *Commentarii de bello Dacico* o più brevemente *Dacica*, basati sui propri diari e rapporti militari scritti durante lo svolgersi dei fatti e solo successivamente rielaborati leggermente in vista della pubblicazione, ad opera probabilmente del fedele Critone; di quest'opera – di capitale importanza per la nostra conoscenza del conflitto e più in generale dell'*uomo* Traiano – ci rimane disgraziatamente un unico brevissimo frammento, conservato dal grammatico Prisciano (VI sec. d.C.); esamineremo più avanti il contenuto di questo brandello dell'opera traianea, per ora ci basti sapere che gli scritti dell'*optimus princeps* sono stati giudicati troppo *naif* e stilisticamente poveri anche dagli studiosi contemporanei, definiti persino tipici di un *vir militaris*, "uno di quei *periti bellorum ac castrorum* che hanno poco a che vedere con i *viri docti, diserti, letterati*"[16].

Cassio Dione rammenta che la sua formazione letteraria era stata piuttosto carente, informandoci a tal proposito[17]:

[Traiano] non aveva ricevuto una vera e propria *paideia*, ma ne conosceva i principî e li applicava, né c'era qualcosa in cui non si distinguesse nel migliore dei modi.

La *paideia*, ovverosia l'educazione di impronta greca impartita ai rampolli dell'alta aristocrazia romana, prevedeva di formare l'individuo sotto ogni punto di vista, fosse esso quello concernente la filosofia, la retorica o la politica. Traiano Senior non

[16] V.A. Troncoso, *Le biblioteche di Roma ai tempi di Traiano*, in J. Alvar, J.M. Blasquez (a cura di), *Traiano*, L'Erma di Bretschneider, Roma 2010, p. 217.
[17] Cassio Dione, *Storia romana*, LXVIII, 7, 4.

faceva parte di quest'élite e del resto le inclinazioni sue e di suo figlio, il futuro imperatore, andavano in tutt'altra direzione. Ciò non significava che Traiano non apprezzasse o non cogliesse l'importanza degli uomini di lettere nella vita sociale della *res publica*: prova ne è l'onore che riservò sempre ai sapienti di lingua greca – che pure conosceva poco e male – in primo luogo Dione Crisostomo; racconta infatti Filostrato[18], riferendosi a quest'ultimo:

La sua [*scil.* di Dione] persuasività era tale da affascinare anche coloro che non capivano perfettamente il greco; l'imperatore Traiano, ad esempio, che lo fece salire a Roma sul carro dorato su cui gli imperatori celebrano i trionfi di guerra, ripeteva in continuazione volgendosi verso di lui: "Non so che cosa stai dicendo, ma ti amo come me stesso!".

Del resto non è neanche corretto esagerare o enfatizzare il presunto aspetto "illetterato" di Traiano, il quale – tagliato fuori in qualche misura dalle tendenze più moderne dell'educazione nobiliare della sua epoca – si formò dapprima nella natia Italica, in Spagna, e successivamente a Roma, basandosi soprattutto sulla cultura e la letteratura latina.

Un autore, in particolare, attirò la sua giovanile attenzione, divenendo per lui un modello sia di scrittura che di audacia militare: Caio Giulio Cesare[19].

Furono in special modo i *Commentarii de bello Gallico* di Cesare ad attirare la sua attenzione, fornendogli un paradigma letterario e bellico su cui basarsi, confrontarsi ed anche distinguersi: d'altro canto era inevitabile che così fosse: la progettata spedizione contro i Daci di re Burebista, interrotta solo dall'uccisione del dittatore nel 44 a.C., i piani dettagliati per l'invasione della Partia (seguiti parzialmente anche da Marc'Antonio)[20], la conquista dell'ecumene non potevano non spingere un animo sensibile come quello di Traiano ad una sorta di virtuale identificazione con Cesare.

---

[18] FILOSTRATO, *Vite dei sofisti*, V, 488.

[19] H. BARDON, *Les empereurs et les lettres latines*, Les Belles Lettres, Paris 1940, pp. 345-357.

[20] J.M. CORTÉS COPETE, *Traiano, optimus princeps*, in J. ALVAR, J.M. BLASQUEZ (a cura di), *Traiano*, cit., pp. 312-313.

L'entusiasmo spinse Traiano a coniare proprio a partire dal 107 – l'anno in cui fece pubblicare il suo *De bello Dacico* – una serie di monete recanti l'effige di Cesare, esprimendo in tal modo una precisa volontà di imitare il defunto dittatore nei suoi aspetti sia letterari che militari[21]. Per comprendere fino in fondo tale ideologia di base, è necessario rivolgerci a ciò che resta del testo dell'opera storiografica traianea.

Critone e i suoi *Getica*

Tito Statilio Critone[22], medico personale, amico e stretto collaboratore di Traiano, accompagnò, secondo la testimonianza dello scrittore bizantino Giovanni Lido, l'imperatore nella campagna di Dacia.

Mentre Traiano era intento a comporre il materiale che poi avrebbe formato i suoi *Commentarii* (vale a dire quel coacervo più o meno ordinato di annotazioni quotidiane, gli *Hypomnemata*, i rapporti di esploratori e ufficiali, le poche e frettolose righe del suo diario personale, i resoconti delle riunioni dello stato maggiore e i canovacci delle sue *adlocutiones* alle truppe), libero dalle imminenti preoccupazioni dovute alla direzione e alla gestione della campagna, Critone cominciò anch'egli – con più calma, ampiezza di riflessione ed eleganza – a comporre in lingua greca un resoconto degli eventi che stava vivendo, che poi avrebbe intitolato *Getica*.

Dei *Getica* del dotto Critone, malauguratamente, restano solo pochi frammenti, preservati da autori più tardi di opere storiografiche, lessicografiche e scoliastiche.

Il famoso medico di Traiano era nato in una cittadina di confine tra la Caria e la Frigia, in Asia Minore, Eraclea Salace; ebbe

---

[21] R. ÉTIENNE, *Les Ides de Mars: la fin de César ou de la dictature ?*, Gallimard / Julliard, Paris 1973, p. 58.

[22] Ad informarci del nome completo di Critone e del suo *status* sociale di uomo libero sono i ritrovamenti epigrafici (CRITONE, *Getica*, T 2, T 3); tali conferme fanno dunque cadere l'ipotesi precedente di R. PARIBENI, *Optimum princeps. Saggio sulla storia e sui tempi dell'imperatore Traiano*, I, il Principato, Messina 1926, p. 8, secondo cui il Nostro sarebbe stato un liberto di Traiano, il cui nome completo suonava come Marco Ulpio Critone.

una moglie, di nome Statilia Critonide, ed un figlio maschio, Statilio Marciano, che dedicarono al loro congiunto una statua nella città natale, beneficata da Traiano (dietro preghiera, evidentemente, dello stesso Critone) con numerose concessioni, tra cui l'appellativo di *Ulpia*; parenti di Critone ebbero poi spesso ruoli importanti alla corte degli imperatori successivi, come Statilio Attalo presso Antonino Pio e Marco Aurelio o Tito Statilio Apollinario, procuratore del patrimonio imperiale sotto Adriano in Panfilia, Licia e Cipro[23].

Le fonti antiche (in primis il *Lessico* di Suida) lo accomunano ai migliori medici della sua epoca, come ad esempio Rufo di Efeso, sottolineando la sua bravura nel curare anche le malattie più difficili e a volte scabrose, come Marziale ironizza nei suoi *Epigrammi*[24]. Fu in rapporti epistolari con il famoso taumaturgo Apollonio di Tiana, che gli rivolse una breve quanto interessante epistola dal contenuto filosofico, preservata nell'*Epistolario* del Tianeo, e che ha come oggetto per l'appunto l'arte medica esercitata da Critone[25]:

[Apollonio] a Critone

Pitagora era solito dire che la medicina è l'arte più divina. Ma se la medicina è l'arte più divina, assieme al corpo bisogna curare anche l'anima, altrimenti l'essere vivente non può essere sano e è ammalato nella sua parte migliore.

Critone studiò medicina ad Efeso, presso l'associazione conosciuta come *Museum*, di cui divenne ben presto un membro brillante ed affermato[26]. Anche il celeberrimo collega Galeno ebbe modo di conoscere Critone e di apprezzarlo, accusandolo però di aver ceduto alle pressioni della corte imperiale e di essere stato spesso distratto

---

[23] Savo, pp. 505-507.
[24] MARZIALE, *Epigrammi*, XI, 60, 5-6.
[25] APOLLONIO TIANEO, *Epistola* 23, di cui seguo la traduzione di F. Lo Cascio; non ho trovato menzione di questo testo nel peraltro accuratissimo lavoro di M.B. Savo su Critone, su cui si basa la presente ricostruzione della sua biografia.
[26] SAVO, p. 510.

dal portare a termine un suo trattato medico, i *Kosmetika*, in quattro libri, per dedicarsi alle necessità della élite di palazzo[27]. Il testo di quest'opera di Critone, citato anche da altri famosi medici tardoantichi, come Oribasio (IV sec.), Ezio di Amida (VI sec.) e Paolo di Egina (VII sec.), ebbe larga diffusione e fu persino tradoddo in arabo nel IX sec., con il titolo di *Kitab az-Zina*.

Anche la filosofia entrò ben presto a far parte degli interessi di Critone, divenendo un esponente della corrente nota come Seconda Sofistica, che aveva uno dei suoi centri di diffusione proprio ad Efeso; come giustamente osserva Savo[28]:

Due volte eccellente, perché egregio nello studio dell'arte di Asclepio e certamente cosciente della grande forza dell'arte retorica, intesa come attività precipua dell'uomo finalizzata a ricercare la giusta relazione tra parola e la realtà materiale, Critone è figlio del suo tempo, un tipico rappresentante della cultura specialistica del II secolo: un erudito di corte cui si poteva chiedere di essere curati e, al contempo, di disquisire della vita e della morte.

Non conosciamo l'esatta data di morte di Critone, che dovette avvenire probabilmente un paio d'anni prima della scomparsa del suo protettore Traiano, quindi intorno al 115 d.C.

Dei *Getica* di Critone restano otto frammenti, raccolti da Felix Jacoby nella sua monumentale raccolta delle opere frammentarie degli storici di lingua greca (e di recente tradotti ottimamente in italiano da Maria Barbara Savo); altri, relativi ad usi e costumi dei Geti o Daci, pur senza indicazione di paternità, sono sparpagliati all'interno del *Lessico* di Suida, ma non vi sono certezze matematiche che provengano dagli scritti di Critone, anche se l'attribuzione fatta dallo studioso romeno Russu negli anni Sessanta al medico traianeo è molto suggestiva e, personalmente, ci trova grosso modo d'accordo[29].

---

[27] Galeno, *De compositione medicamentorum per genera*, I, 2 (K 12, 434).

[28] Savo, pp. 512-513.

[29] I. Russu, *Getica lui Statilius Crito*, "Studii Clasice", 14, 1972, pp. 111-128, specialmente pp. 123-127.

Ad ogni modo, i frammenti superstiti delineano un'opera sicuramente interessante, in cui prevale l'intento celebrativo della grande conquista di Traiano, il gusto per la narrazione tecnica e la sfumatura moralistica degli eventi[30]. L'opera di Critone, inoltre, si delinea come un autentico ed accurato lavoro storiografico nel senso classico del termine, con digressioni etnografiche e di costume – sull'esempio di Erodoto o dell'ellenistico Megastene, tanto per restare nell'ambito greco – affreschi geografici, resoconti di più specifico ordine militare (come ad esempio gli stratagemmi di guerra, osservazioni moraleggianti e, assai probabilmente, inserzione di discorsi da parte dei vari protagonisti). D'altro canto, come osserva a ragione Paribeni, un medico era la persona più adatta ad "una trattazione dei luoghi e delle curiosità naturali ed etnografiche" della Dacia[31].

È interessante infatti notare come Critone emetta dei giudizi intorno alla religione dacica, che bolla – molto tacitianamente – di *superstitio* e dell'uso della magia, il cui monopolio era nelle mani del sovrano:

...Ed i re dei Geti, dopo aver infuso in loro, con l'inganno e la magia, il timore superstizioso di Dio e la concordia, bramano ormai grandi cose.

Tale brano ci induce a ritenere che Critone, nella sua analisi sui Daci e loro usanze, partisse da molto lontano nel tempo, perlomeno dall'epoca di re Burebista, primo artefice della loro grandezza, ricostruendo in tal modo l'intera storia dei nemici di Roma ben prima di Decebalo. Come sottolinea Savo, "la storia di Critone mostra di essere una storia fatta di personaggi e non solo di eserciti e di nazioni, puntuale nel riferire i ruoli, le azioni, secondo uno schema incentrato su uomini di Stato e d'arme e scritto da un politico e uomo d'arme"[32].

Il *De bello Dacico* di Traiano

---

[30] SAVO, p. 515.

[31] PARIBENI, *Optimum princeps*, cit., pp. 8-9.

[32] Savo, p. 540.

Come accennato in precedenza, durante entrambe le campagne daciche del 101-102 e del 105-106, Traiano – coadiuvato probabilmente dallo stesso Critone – raccolse le proprie annotazioni quotidiane, simili a stringati rapporti militari e ad appunti sugli avvenimenti in corso, in una sorta di diario in lingua latina, gli *Hypomnemata* o *Efemeridi*.

Non è da dubitarsi che fu Traiano stesso a dettare questi brevi resoconti tecnici, che gli sarebbero del resto serviti durante il corso della campagna dacica quale insieme di appunti e promemoria indispensabili[33]: lo scritto, sicuramente molto tecnico ed asciutto nonché privo di digressioni letterarie, fatta eccezione per qualche indispensabile annotazione geo-topografica e descrittiva di usi e costumi dei Daci, non fu forse dall'imperatore concepito fin dall'inizio come un'opera storica (diversamente dai *Commentarii* cesariani, nati già in vista della pubblicazione), ma alla fine divenne oggettivamente tale. Inoltre, la comparazione con Cesare che la pubblicazione gli avrebbe garantito, non poteva che risultargli molto gradita[34].

Al termine della guerra, infatti, Traiano affidò presumibilmente al suo medico e storico Critone la cura della revisione del breve testo, in vista di una rapida pubblicazione, al fine di renderlo presente nelle biblioteche del nuovissimo Foro che a Roma avrebbe celebrato la grande vittoria imperiale.

---

[33] Ha dei dubbi al riguardo (ma a nostro avviso infondati) PARIBENI, *Optimum princeps*, cit., p. 6, che si chiede: "L'imperatore stesso avrà dunque, a somiglianza di Giulio Cesare, dettato i propri commentari? Non si può con ogni certezza asserirlo, perché è attestato dagli antichi che Traiano né amava occuparsi di cose letterarie, facendosi aiutare da Licinio Sura e poi da Adriano per i discorsi, per le proposte in Senato, o per le altre composizioni letterarie che il suo ufficio richiedeva, né ci tiene ad essere reputato dotto, ché altrimenti Plinio, che tanto pregiava la cultura e gli studi, non avrebbe mancato di pregiare questo merito nel *Panegirico*".

[34] Fanno giustamente notare R. WESTALL e F. BRENK, *The Second and Third Century*, in G. MARASCO (a cura di), *Political Autobiographies and Memoirs in Antiquity: A Brill Companion*, Brill, Leiden 2011, p. 365, n. 6, che in età più recente anche Vespasiano e suo figlio Tito si erano cimentati nella composizione di *Commentarii* sulla guerra giudaica, il che poteva costituire un ottimo esempio per Traiano.

Centro ideale del Foro, la cui realizzazione fu demandata all'architetto Apollodoro di Damasco, fu sicuramente la Colonna Traiana, inaugurata nel 112: lavorando sotto la supervisione di un maestro, identificato da Ranuccio Bianchi Bandinelli come lo stesso Apollodoro, che aveva anch'egli preso parte alla spedizione dacica, costruendo il celeberrimo ponte sul Danubio (avanzi del quale resistono tutt'oggi), gli scultori romani seguirono un progetto di massima per istoriare i 17 tamburi del miglior marmo di Carrara, creando così la versione illustrata (e orginariamente dipinta con colori vivaci ed inserti metallici) dei *Dacica* di Traiano, conservati peraltro proprio a fianco della Colonna, nelle biblioteche greche e latine che le facevano ala[35].

La Colonna diventava così un'originalissima ma fedele "versione verticale" del rotolo pergamenaceo su cui Traiano aveva scritto i propri *Commentarii*, consentendone la lettura immediata per immagini anche a quello strato di popolazione romana e straniera non sufficientemente alfabetizzato per accedere alla lettura diretta dei suoi scritti[36].
Data la scomparsa dell'originale testo traianeo, il rilievo a spirale della Colonna diventa particolarmente prezioso, in quanto conserva i caratteri generali di quanto l'imperatore aveva desiderato fissare e tramandare nei suoi scritti, ad imperitura memoria delle imprese

---

[35] WESTALL e BRENK, *Political Autobiographies*, loc. cit., suggeriscono l'originario titolo di *Bella Dacica*. È inoltre quasi certo, come ipotizzato già dal PARIBENI, *Optimum princeps*, cit., p. 6, che Traiano avesse composto (o perlomeno iniziato a comporre) un'altra serie di *Commentarii de bello Partico*, dettati durante le campagne d'Oriente in Armenia e Mesopotamia, ma "la morte di Traiano e il radicale cambiamento di politica di Adriano possono averne sospesa la compilazione, e rimandatane per sempre la pubblicazione".
[36] Di questa opinione, largamente condivisa, era T. BIRT, *Die buchrolle in der kunst*, Teubner, Leipzig 1907; di diverso parere è E. POENARU, *La Colonna di Traiano e Decebalo*, Nagard, Milano 1987, *passim*, che insiste sulla dignità di opera autonoma della Colonna, slegata dalla funzione illustrativa dei *commentarii* traianeo: ciò è indubbiamente vero, i rilievi a spirale della Colonna Traiana hanno vita e valore propri, ma essi, come ben aveva colto Birt, sono *anche* e senz'ombra di dubbio il *pendant* iconografico dei *Dacica* dell'imperatore, da cui hanno tratto origine e ragione di essere.

proprie e dell'esercito romano, con una vastità di dettagli che lascia francamente ammirati.

Oltre ai rilievi della Colonna, fu il grammatico Prisciano a conservarci l'unico frammento testuale dello scritto originale di Traiano giunto fino a noi[37].

Prisciano nacque a Cesarea di Mauretania nella seconda metà del V sec. d.C., quando l'antica provincia romana nordafricana era stata inglobata da tempo nel regno dei Vandali ariani; spinto forse dall'attrattiva di una buona carriera nel mondo dell'insegnamento, Prisciano si trasferì a Costantinopoli, capitale dell'Impero Romano d'Oriente, dove impartì ad alti livelli lezioni di latino e raggiunse il vertice della propria attività letteraria intorno al 512, quando scrisse e dedicò un *Panegirico* all'imperatore Anastasio I († 518). Il suo capolavoro sono sicuramente le *Institutiones grammaticae*, in diciotto libri, che costituiscono la trattazione più completa di questa disciplina che ci sia mai stata lasciata dagli antichi, incentrata sulla morfologia e la sintassi della lingua latina.

È dunque Prisciano ad avere sottomano il testo dei *Dacica* di Traiano agli inizi del VI sec. d.C., e da esso sceglie un brano[38] che poteva bene illustrare l'uso pratico delle particelle indeclinabili "inde" e "deinde", ovvero "dapprima" e "poi, in seguito"; ecco dunque la preziosa citazione, che descrive l'avanzata dell'esercito romano dalla Mesia alla Dacia, nel corso della prima campagna dell'anno 101:

Traianus in I Dacicorum [*scripsit*] (Scrisse Traiano nel primo libro delle sue *Guerre Daciche*):
"*Inde Berzobim, deinde Aixim processimus* (Dapprima avanzammo su Berzovia, poi proseguimmo fino ad Aixis)".

---

[37] Su Prisciano e la sua importanza nella trasmissione della cultura latina nel Medioevo si veda senz'altro M. BARATIN, B. COLOMBAT, L. HOLTZ (a cura di), *Priscien. Transmission et refondation de la grammaire, de l'antiquité aux modernes*, Brepols Publishers, Turnhout (Belgio) 2009.
[38] PRISCIANO, *Istitutiones grammaticae*, VI, p. 205 ed. Hertz = TRAIANO, *Commentarii de bello Dacico*, F 1 Peter.

Dal – purtroppo – brevissimo testo possiamo comunque inferire parecchie cose:

1) *L'uso della prima persona*

Diversamente dal suo modello Cesare, Traiano optò per un resoconto in prima persona, tralasciando l'artificio retorico di adoperare la terza persona come nei *Commentarii* cesariani; un'astratta esigenza di obiettività storica e di distacco dagli eventi non solo non era nei suoi programmi, ma avrebbe anzi intralciato lo scopo dell'opera, ovvero mostrare la valentia personale dell'imperatore e la compartecipazione del popolo romano (impersonato qui dall'esercito) all'epica impresa: *"noi avanzammo"*, si dice nel testo, non *"io avanzai con l'esercito"*, una scelta che garantiva una certa immediatezza e coinvolgimento del lettore negli eventi narrati.

2) *Suddivisione dell'opera in libri*

Prisciano cita da un "primo" libro dei *Dacica*, cosa che sottende, logicamente, l'esistenza di un secondo e, assai probabilmente, più libri appartenenti allo stesso scritto. La domanda che sorge spontanea è: quanti erano allora in tutto i libri in cui erano suddivisi i *Dacica*?

La risposta che ci pare più soddisfacente (e che abbiamo adottato nella presente ipotesi di ricostruzione) è di quattro libri: il modello diretto dello scritto traianeo, Giulio Cesare, aveva dedicato un libro del suo *De bello Gallico* ad ogni anno (o meglio, ad ogni stagione utile al combattimento) del conflitto consumatosi in terra di Gallia, dal 57 al 52 a.C., per un totale quindi di sette libri (I-VII), cui si aggiunse poi un ottavo, elaborato da Aulo Irzio su materiale probabilmente dello stesso Cesare.

Anche Traiano, ci pare logico dedurre, adottò una simile suddivisione, giudicandola come più adatta ai propri scopi e, considerando la prima guerra, che si articolò in due difficili campagne nel periodo 101-102, più il secondo e risolutivo conflitto, che si svolse in Dacia dal 105 al 106, possiamo concludere che i suoi *Dacica* fossero con buona probabilità ripartiti in quattro libri, uno quindi per ogni anno di guerra: si trattò di una scelta logica e pratica, senza complicati sottintesi letterari che erano estranei agli interessi e ai fini immediati di Traiano.

3) *Meticolosità dei dettagli*

Traiano descrive con precisione il tragitto dell'armata, nominando località anche piccole e descrivendone il tragitto, elementi tutti confermati dalla *Tabula Peutingeriana*, accuratissima mappa dell'Impero trasmessaci dal mondo tardoantico. L'assenza di ulteriori annotazioni fra una "tappa" e l'altra dell'armata è indice di un'assenza di resistenza armata da parte del nemico in questa fase iniziale del conflitto e, al contempo, di una sinteticità da parte di Traiano che bene si accorda alla sua immagine di *vir militaris* senza pretese di ornamenti retorici, che del resto non gli appartenevano anche per formazione culturale.

4) *Interessi geografici, tecnici ed aspetti elogiativi*

Per gli storici attuali sarebbe, con tutta probabilità, più interessante e gratificante alla lettura rinvenire forse una copia completa dei *Getica* di Critone che non una dei *Dacica* di Traiano, questo perché Critone, come abbiamo già avuto modo di vedere, ebbe agio di comporre un'autentica opera storiografica, con tanto di digressioni sull'antica storia dei Daci, i loro usi e costumi quotidiani, le credenze, l'inserimento di discorsi retorici, considerazioni filosofiche, etc.

Tutto ciò mancava in gran parte negli scritti di Traiano, incentrati soprattutto sugli eventi prettamente bellici, sui movimenti delle truppe, sulla descrizione dei preparativi e dell'organizzazione logistica, sul resoconto degli scontri ed elementi simili.

Sbaglieremmo però a pensare che i *Dacica* si riducessero a questo: se in essi mancava forse quella ampia parte etnografica e di descrizione di usi e costumi presente in Cesare (e sviluppata invece nei *Getica* di Critone), ciò era ampiamente compensato dagli interessi geografici e topografici di Traiano. Come ogni buon comandante di ogni epoca, antica o moderna (l'esempio di Napoleone è forse il più calzante), Traiano era ben conscio dell'importanza della conoscenza del territorio in cui ci si doveva muovere per il buon esito dell'impresa bellica. Ecco quindi apparire con una certa precisione nomi di città, fortezze, monti, corsi d'acqua, la loro esatta posizione, la descrizione delle caratteristiche di un territorio attraversato dall'esercito (montuoso, pianeggiante, urbanizzato o selvaggio) o le sue ricchezze minerarie e così via; probabilmente all'inizio della narrazione vera e propria era premesso un più o meno ampio affresco geografico della Dacia, improntato all'ineludibile modello offerto dall'incipit dei commentari di Cesare (*Gallia est omnis divisa in partes tres...*).

Se, come abbiamo detto, erano assenti (con verosimiglianza) ampie digressioni etnografiche, è possibile però che in apertura d'opera e sparpagliate qua e là nel testo fossero presenti annotazioni di Traiano sulle usanze dei Daci e dei loro alleati germanici e sarmati, man mano che essi intervenivano nel racconto degli eventi: ecco quindi (come mostra la Colonna) descritta la crudeltà delle donne daciche nei confronti dei prigionieri romani, la curiosa usanza dei Buri di scrivere su grossi funghi (testimoniata anche da Cassio Dione e Xifilino), la suddivisione sociale dei Daci in pileati e chiomati, la fede in Zamolxi, e via di seguito.

L'interesse e la competenza di Traiano per particolari tecnici emerge chiaramente dalle immagini della Colonna, in cui sono mostrati frequentemente lavori di sterro, di fortificazione, di abbattimento degli alberi, di costruzione dei ponti (fissi o mobili), di funzionamento delle macchine belliche; del resto la presenza, a capo dei genieri della spedizione, di Apollodoro, poteva soddisfare ampiamente le curiosità dell'imperatore in materia. Anche la descrizione delle azioni belliche e delle relative tecniche (la testuggine, gli accorgimenti durante gli assedi, le modalità di avanzata e di occupazione di un territorio, l'assalto ad una fortezza nemica...) sono ben presenti nel corso dell'intera opera. A tal proposito è necessario inoltre tenere ben presente che lo scrittore romano Renato Vegezio, vissuto tra la fine del IV e l'inizio del V secolo, conobbe i *Dacica* di Traiano e li utilizzò fra le sue fonti, pur senza citarli espressamente, ricavandone informazioni ed esempi "tecnici" da additare ai suoi lettori[39].

Proprio come Cesare (e in generale come ogni buon comandante di ogni epoca) Traiano è prodigo di elogi e ricompense nei confronti dei suoi soldati, siano essi legionari o ausiliari, cittadini romani o alleati; abbiamo già visto come egli li includa e li renda protagonisti della sua narrazione (*nos processimus*, "noi avanzammo"); ebbene, egli sottolinea i loro atti di valore, le coraggiose e risolutive cariche di cavalleria dei Mauri di Lusio Quieto, il feroce coraggio dei Galli, che presentano all'imperatore le teste mozzate dei Daci per ottenere ricompense, la distribuzione dei premi dopo gli scontri campali, l'abnegazione con cui essi si dedicano alla fortificazione degli accampamenti, alle marce incessanti, all'assalto degli *oppida* nemici, al periglioso attraversamento di grandi fiumi, etc. Del resto non pochi dovevano essere i soldati a cui Traiano si rivolgeva con i suoi *Commentarii* – sia quelli in versione scritta che con la versione illustrata fornita dalla Colonna – e anche il trofeo di Adamclisi, dedicato alla vittoria su Sarmati e Daci ottenuta nell'inverno del 102, ricorda espressamente i 3800 caduti romani nel corso della battaglia, indice dell'alta considerazione che Traiano aveva nei confronti dei *milites populi Romani et sociorum*, non semplice strumento delle sue conquiste, ma autentici protagonisti dell'epopea immortalata nei *Dacica*, che era giusto onorare con i più ampi elogi.

5) *Adlocutiones*

L'*adlocutio* era il discorso od orazione rivolta dai comandanti e dagli imperatori all'esercito schierato ed in ordine di battaglia, nell'imminenza di uno scontro di una certa importanza con

---

[39] SAVO, p. 500, n. 4 ; a mio avviso il passo in cui si può ravvisare abbastanza chiaramente l'influenza di Traiano è individuabile in VEGEZIO, *L'arte della guerra*, III, 7, laddove è descritto il passaggio di un fiume su di un ponte di barche da parte dell'esercito romano.

il nemico; l'*adlocutio*, oltre a motivare e rincuorare i combattenti in vista del combattimento, era anche un'occasione per il capo dell'esercito di rinforzare il suo legame con le legioni e, secondariamente, di fare sfoggio di abilità retorica.

Di solto le *adlocutiones* (più o meno estese, a seconda dell'abilità discorsiva ed oratoria di chi le pronunciava, nonché del tipo di rapporto che aveva con le truppe) riepilogavano i motivi che avevano portato allo scontro, sottolineavano il valore e la lealtà dell'esercito romano, confrontandoli con i difetti del nemico e dei suoi capi, regolarmente sminuiti o a cui si attribuivano crudeltà, mancanza alla parola data, infingardaggine e, in breve, tutte le peggiori qualità, attribuendo alla loro protervia ed ostinazione nel perseguire il male la situazione attuale.

I monumenti e le monete romane mostrano spesso e volentieri il momento di questa cruciale arringa, dall'età repubblicana fino a quella tardo-imperiale; Traiano è raffigurato spesso nei rilievi della Colonna[40] e nelle metope del Trofeo di Adamclisi mentre si rivolge alle truppe, rivolgendosi loro con enfasi, motivandole e venendone a sua volta ripagato con calorose acclamazioni ed espressioni di approvazione.

Non possiamo pertanto dubitare che queste scene e questi discorsi fossero presenti già nel testo dei *Dacica* traianeo, pertanto non è fuori luogo ipotizzare quanto segue: Traiano, sia per l'educazione ricevuta, sia per la serrata situazione contingente della guerra dacica, in cui si ritrovò ad operare, non ebbe tempo a sufficienza per elaborare fiorite e ridondanti *adlocutiones*, accontentandosi di comporre stringate ma efficaci arringhe, scritte dal fedele Licinio Sura e corrette ed emendate probabilmente dal solito Critone, che ne raccolse ordinatamente il testo, mettendolo poi a disposizione dell'imperatore, che lo inserì *sic et simpliciter* nel corpo dei suoi *Commentarii*.

---

[40] Le scene della Colonna in cui Traiano è motrato di rivolgere delle *adlocutiones* alle legioni schierate, secondo C. CICHORIUS, *Die reliefs der Traianssäule* (2 voll.), Verlag von Georg Reimer, Berlin 1896-1900, sono: 11, 21, 33, 39, 52-53, 56, 77 e 100.

Erano discorsi diretti o indiretti, verrebbe da chiedersi? In Cesare, modello per eccellenza di Traiano, sono presenti entrambe le modalità, con una predominanza del discorso indiretto, ma l'uso di quest'ultimo presuppone un certo grado di rielaborazione stilistica e compositiva che non è lecito applicare ad un'opera essenziale qual'erano per l'appunto i *Dacica*, ed in fondo è più probabile e plausibile aspettarsi un simile artificio letterario nei *Getica* di Critone, dato il taglio meno militaresco e più "classico" dell'opera del celebre medico.

A parte le considerazioni generali sopra esposte, non conosciamo alcunché del testo preciso delle *adlocutiones* di Traiano; possiamo, forse, almeno in parte sopperire idealmente a questa mancanza, che ci fa sembrare "mute" le arringhe della Colonna, ricorrendo idealmente ai *Discorsi di guerra* di Siriano, autore cristiano di età bizantina, sulla cui biografia non sappiamo praticamente nulla[41].

Siriano lasciò infatti un corposo compendio che univa in sostanza tre trattati: una *Retorica militaris* (i già citati *Discorsi di guerra*), un *De re strategica* e infine uno scritto di tattica navale. Le fonti su cui Siriano si basò sono davvero molteplici e disparate, anche se spesso non sempre esattamente identificabili: per l'ambito tattico e poliorcetico Siriano consultò sicuramente l'*Iliade* di Omero, il IV Libro dei *Maccabei*, i trattati di Enea Tattico, Eliano, Filone di Bisanzio e Apollodoro di Damasco (quest'ultimo ingegnere capo ed architetto di Traiano, presente alle campagne daciche); per l'allusione ad episodi del passato adoperò le opere di Erodoto, Ctesia di Cnido, Arriano e Polieno, mentre ricorse al Vangelo di Giovanni e alla *Lettera agli Ebrei* attribuita a San Paolo per le professioni di fede cristiana spesse volte presenti nelle varie *adlocutiones*.

---

[41] L'edizione italiana di riferimento è SIRIANO, *Discorsi di guerra*, con una Nota di L. Canfora, a cura di I. Eramo, Dedalo, Bari 2010 (si veda anche la puntuale e completa recensione fattane da M. CURNIS, *Siriano. Discorsi di guerra*, "Reseñas", 2016, pp. 170-174); una versione del *Trattato navale* di Siriano si trova invece invece in *Scritto sulla Tattica Navale, di anonimo greco*, per la prima volta tradotto e pubblicato dal Cav. Prof. F. Corazzini, pubblicato in soli sessanta esemplari coi tipi di P. Vannini e figlio, Pia Casa del Refugio, Livorno 1883 .

Non possiamo spingerci ad affermare che, tra questa messe di fonti, Siriano conoscesse (ed adoperasse) anche i *Getica* di Critone o la versione greca dei *Dacica* di Traiano, ma possiamo ragionevolmente additarne alcuni discorsi quale buon esempio di "retorica generica" il cui contenuto potrebbe essere stato toccato, a grandi linee, anche da Traiano nei suoi discorsi alle truppe. Non abbiamo osato, peraltro, di spingerci ad inserirne una nostra rielaborazione latina nel testo dei *Commentarii*, allo scopo di ricreare l'illusione di un testo coerente e completo, come quello che il lettore ipotetico dei *Dacica* poteva avere avuto sott'occhio, ma ci siamo limitati a desumerne alcuni esempi da Rufino (precisamente dalla sua elaborazione del *Bellum Iudaicum* di Giuseppe Flavio, del IV secolo) e dalle *Storie* Ammiano Marcellino "prendendole a prestito", con opportune rielaborazioni, dai discorsi rivolti da Giuliano l'Apostata alle truppe in Gallia. Il criterio adottato è stato quello della verosimiglianza.

Anche Decebalo, infine, è mostrato mentre si rivolge ai Daci, nei momenti più drammatici e carichi di pathos riportati sulla Colonna, con alcuni discorsi: in questo caso siamo aiutati ad immaginarcene il contenuto anche dalla ricostruzione che ne fece il frate domenicano spagnolo Ciaconio (Alfonso Chacón) nel XVI secolo, allorché – lo vedremo a breve – si accinse a ricostruire un testo latino in grado di narrare la storia così efficacemente mostrata dal rilievo spiraliforme della Colonna.

L'*adlocutio* messa in bocca al nemico costituiva di norma un espediente retorico per condannare gli aspetti più foschi dell'imperialismo romano o per lodare la forza d'animo dell'avversario, sottolineandone al contempo la nobiltà e la fierezza; nel caso di Traiano è logico supporre questa seconda motivazione, che del resto - in linea con la *symphateia* dimostrata più volta dall'imperatore per le doti d'animo proprie dei Daci – nobilitava il nemico e rendeva ancora più epica e grande la vittoria dei Romani.

6) *Pietas di Traiano*

Fra i bassorilievi della Colonna appaiono frequentemente scene di sacrifici animali (*suovetaurilia*, in cui venivano immolati un suino, un ovino e un toro) e cerimonie religiose che avevano come scopo la purificazione dell'esercito romano e delle sue armi (*lustratio*) nell'imminenza di un qualche scontro od azione di guerra. Traiano vi è sempre raffigurato come devoto officiante che, nella sua veste di pontefice massimo, capo della religione ufficiale romana, ha il capo coperto da un lembo della toga (*velato capite*) come richiedeva lo svolgimento del rito, ed è circondato da officianti e soldati attenti allo svolgimento della cerimonia[42].

Traiano non dimostrò mai né una fanatica religiosità, né uno scetticismo sprezzante, ma considerava importante che lo Stato romano – e quindi l'esercito, che durante le campagne militari lo rappresentava *in toto* – si dimostrasse coerente con quanto prescritto dagli antichi rituali. Traiano non era un ingenuo e probabilmente non si aspettava risultati particolari da questi cerimoniali arcaici, se non di compattare il senso di coesione dei Romani e di farli sentire sotto l'egida divina: in questo senso la religione di Stato, con i suoi ripetitivi rituali e ormai lontana dal sentimento religioso dell'uomo comune, che preferiva rivolgersi a culti personalistici più intimi, come il Cristianesimo, il Mitraismo o altre religioni misteriche provenienti dall'Oriente, aveva perlomeno la funzione di collante e di punto di riferimento a cui l'imperatore riteneva importante non rinunciare[43].

Giove, padre degli dèi e divinità a cui si dimostrò particolarmente vicino durante il suo principato, è presente nella Colonna in una delle più cruciali battaglie contro i Daci, supportando

---

[42] E. POENARU, *La Colonna di Traiano e Decebalo*, Editrice Nagard, Milano 1987, pp. 149-150.

[43] È del resto ben nota l'opinione di Traiano al riguardo, come riportato nel suo notissimo rescritto al governatore della Bitinia, Plinio il Giovane, intorno alla questione dei Cristiani, a cui rimandiamo (PLINIO IL GIOVANE, *Carteggio con Traiano*, X, 96-97, più il giudizio espresso su di esso da TERTULLIANO, *Apologia del Cristianesimo*, II, 6-8, che ne ricusò l'ambiguità e la vaghezza).

i legionari con lo scatenarsi in loro favore degli elementi naturali, che contribuiranno alla sconfitta del nemico.

Per quanto concerne l'altruismo, la compassione e la sollecitudine di Traiano nei confronti dei suoi soldati durante le campagne daciche la tradizione (specialmente Cassio Dione e gli epitomatori successivi) è praticamente unanime: l'imperatore, amatissimo dalle sue truppe, con cui condivideva – cosa che avrebbe fatto anche in età avanzata – rischi e disagi, aveva a cuore l'incolumità dei propri uomini, curando un efficiente servizio medico al seguito dell'armata e assicurandosi di persona che i soldati feriti ricevessero le dovute cure; è ben noto l'episodio, riportato da Cassio Dione (e ravvisato dal Ciaconio anche sulla Colonna) in cui Traiano straccia a brandelli la propria veste pur di farne bende per curare il gran numero di feriti a seguito di una battaglia campale contro i Daci. Tutte queste sollecitudini dovevano in qualche modo emergere anche dai *Commentarii*, come sarebbe logico aspettarsi.

È pertanto, alla luce di tutto ciò, una voce fuori dal coro quella di Frontone, il noto maestro di Marc'Aurelio e Lucio Vero, che – un cinquantennio dopo – per magnificare le campagne di Vero in Partia e sminuirne al confronto l'operato di Traiano, affermò[44]:

Da ciò appare chiaro quanta cura avesse Lucio per la salvezza dei soldati, egli che a prezzo della propria gloria desiderò comprare una pace senza sangue. Molti credono, dalle altre sue aspirazioni, che Traiano amasse la propria gloria più del sangue dei suoi soldati, poiché spesso rimandò, senza che nulla vessero ottenuto, i legati dei Parti che invocavano la pace.

Che Traiano fosse amante della gloria questo è fuori di dubbio, ma – come Cesare prima di lui e Napoleone molti secoli dopo – seppe guadagnarsi con la propria abnegazione, *pietas*, sollecitudine e compassione l'amore dei propri sottoposti, cui non richiese mai alcuno sforzo che non sarebbe stato egli stesso in grado di condividere con loro. Del resto, a ben confrontare il racconto di Traiano con la Colonna di Marco Aurelio, dedicata alla celebrazione dei conflitti contro i Marcomanni ed in cui sono raffigurate scene di

---

[44] FRONTONE, *I fondamenti della Storia*, 15.

decapitazione di massa dei prigionieri e incendi di villaggi germanici
con relativi episodi di violenza sui civili inermi, il contrasto è
stridente: anche nella Colonna Traiana gli episodi di violenza non
mancano (e in un resoconto di guerra parrebbe strano il contrario) ma
su di essi emerge anche la volontà dell'imperatore di salvaguardare,
per quanto possibile, i civili, coloro che si rivolgevano a lui come
supplici, le donne e i prigionieri, estendendo loro la protezione della
res publica romana, da lui incarnata.

* *
*

Il confronto fra il testo superstite dei *Getica* e l'unico
frammento dei *Dacica* di Traiano (a cui è necessario accostare il
racconto iconografico della Colonna Traiana, il breve ma a volte
illustrativo racconto di Cassio Dione, il modello dei *Commentarii*
cesariani) è illuminante: sostanziali differenze esistevano tra i due
scritti, non limitate unicamente alla lingua in cui furono composte,
rispettivamente il greco ed il latino; la prudenza, dato l'esiguo
numero di frammenti pertinenti ad entrambe le opere, è d'obbligo,
ma già da ora possiamo sintetizzarne una visione d'insieme:

Getica di Critone	*Dacica* di Traiano
Ampie descrizioni di geografia fisica ed umana, sparpagliate per tutto il testo;	Descrizioni geografiche succinte ma essenziali, quasi topografiche, forse poste nell'*incipit* dell'opera;
Frequenti annotazioni di carattere etnico e antropologico, con raccolte di aneddoti, leggende, usanze e considerazioni sulla società dacica;	Annotazioni su credenze, usi e costumi, divisioni sociali presenti ma strettamente inerenti agli episodi di guerra trattati e comunque di forma breve;
Digressioni frequenti sulla storia dacica precedente, sulle campagne daciche di Domiziano e sugli episodi salienti di esse;	Brevissimo accenno o riepilogo sui precedenti rapporti daco-romani
Racconto circostanziato degli	

scontri sostenuti; Presenza di discorsi (sia diretti che indiretti).	probabilmente in apertura d'opera, a mo' di giustificazione dello scoppio delle ostilità; Presenza di dettagli militari (marce, fortificazioni dei campi, assedi, attraversamento di fiumi, uso delle macchine da guerra) e resoconto preciso degli scontri; Presenza di discorsi (sia diretti che indiretti).

In base a quanto emerso ed ipotizzato non si può dire che il *De bello Dacico* di Traiano avesse (né del resto ciò rientrava negli scopi o interessi dell'imperatore) un'elegante veste letteraria, proprio come invece possedeva il *De bello Gallico* del suo modello Cesare. Si trattava piuttosto di un resoconto relativamente sintetico e dal taglio didascalico delle due campagne contro Decebalo in cui erano presenti (contenute) annotazioni geografiche, poche ed essenziali digressioni storico-etnografiche, molti dettagli della vita militare quotidiana; era altresì palpabile il rispetto per il valore dei Daci e il loro amore per la *libertas*, incarnato emblematicamente nel suicidio finale di Decebalo.

Simplicitas era forse la parola d'ordine che permeava il testo, che la spettacolare resa visiva sulla Colonna, ad opera di Apollodoro, rese poi fruibile davvero a tutti.

Ciaconio e la Colonna Traiana

L'ultima menzione del *De bello Dacico* di Traiano risale, come abbiamo visto, agli inizi del VI secolo, quando il grammatico Prisciano ebbe modo di consultarne una copia e di citarla, poi il testo si perse nelle oscure nebbie dell'età medievale, sparendo dalla circolazione. Per avere quindi un'idea ricostruttiva (parziale e naturalmente restando ben consci che *non* si tratta dell'opera originale) del contenuto del testo dobbiamo necessariamente rivolgerci agli scritti di un conterraneo di Traiano, vissuto oltre quattordici secoli dopo di lui, un frate domenicano del XVI secolo, noto come Ciaconio.

Alfonso Chacón (italianizzato in Ciaconio) vide la luce a Baeza, in Andalusia. nel 1530. Da ragazzino studiò nel collegio del convento di San Domenico della propria città natale, per poi frequentare e coronare precocemente i propri studi nel 1544, presso l'università locale, di recente fondazione. Nello stesso convento dei frati predicatori professò i voti nel 1548, poco prima di recarsi al collegio universitario di Santa Catalina di Jaén, allo scopo di studiarvi teologia. Qui restò fino al 1553 quando, ricevuta una prebenda di collegiale per un decennio nel collegio di S. Tomás, si trasferì nella più grande e cosmopolita Siviglia. In questa città si fermò per ben quattordici anni: nel 1556 aveva nel frattempo ottenuto la nomina a collegiale perpetuo e nel 1566, infine, si addottorò in teologia.

Furono questi gli anni in cui meglio si precisarono gli interessi culturali di Ciaconio, affascinato dal passato di Roma antica, di cui molte vestigia restavano nel suo paese d'origine. Iniziò pertanto ad intessere una rete di rapporti e di scambi epistolari con storici ed antiquari spagnoli, aumentando il proprio bagaglio di conoscenze al riguardo; Ciaconio trovò un maestro in questo campo nel noto umanista Ambrosio de Morales († 1591), in ottimi rapporti con il sovrano spagnolo Filippo II.

A Morales Ciaconio inviò relazioni e memorie su reperti epigrafici ed archeologici andalusi che l'umanista utilizzò poi per la stesura di uno dei suoi capolavori, *Las antigüedades de las ciudades de España*. In apertura di quest'opera, Morales sottolineò esplicitamente e con riconoscenza la competenza di Ciaconio in materia archeologica, nonostante la sua formazione di teologo, e sottolineando il contributo che aveva dato al proprio lavoro.

Durante la permanenza di Ciaconio a Siviglia iniziò la sua prima raccolta di reperti archeologici, iscrizioni, monete, sigilli e pietre. A ciò si affiancò un lavoro di raccolta di materiale bibliografico e di manoscritti che egli destinò in parte ad arricchire la biblioteca del proprio collegio, in parte alla costituzione di una sua biblioteca personale.

Nel 1566 vi fu una svolta fondamentale nella vita del frate domenicano: venne infatti chiamato a trasferirsi a Roma da papa Pio V (al secolo Antonio Ghislieri, teologo ed inquisitore domenicano), con l'incarico di penitenziere minore della basilica di San Pietro per la lingua spagnola[45]; il Nostro lasciò dunque senza indugio la Spagna nell'aprile dell'anno seguente, compiendo un lungo viaggio culturale prima di raggiungere l'Urbe, facendo tappa ad Evora, Lisbona, Madrid, Alcalá (dove visitò Morales), Monserrat e Barcellona. Ignoriamo la data precisa del suo arrivo a Roma, ma si può ipotizzare che essa ebbe luogo verso la fine del 1567.

Nel 1569 ottenne ufficialmente dal capitolo generale dell'Ordine dei Predicatori il titolo di maestro e, già nei primi anni di soggiorno romano, grazie anche alle sollecitazioni del suo protettore, il cardinale Francesco Pacheco, nel cui palazzo egli abitava, a Ciaconio fu affidato il compito di esaminare e censurare gli scritti di coloro che erano finiti tra le grinfie dell'Inquisizione romana.

Iniziò in questo periodo a concretizzarsi l'interesse di Ciaconio per le vicende dell'imperatore Traiano, la cui Colonna svettava maestosamente su Roma e che egli poteva ammirare pressoché quotidianamente fra le rovine del Foro costruito dall'imperatore in seguito alla vittoria sui Daci. Come molti prima di lui, Ciaconio fu coinvolto emotivamente dalla nota leggenda di Traiano e della vedovella, a cui il Cesare romano fece nobilmente giustizia di un figlio assassinatole. Tale episodio avrebbe mosso a compassione, secoli dopo, papa Gregorio Magno († 604), che avrebbe supplicato ed ottenuto da Dio la liberazione di Traiano dalle pene infernali, una sua breve resurrezione al fine di accogliere – lui pagano ed anche persecutore dei Cristiani – il necessario battesimo ed infine una sua acesa al paradiso, celebrata anche da Dante Alighieri nella sua *Commedia*.

---

[45] Sulla permanenza di Ciaconio a Roma si veda l'eccellente lavoro di E. Ruiz, *Los años romanos de P. Chacón. Vida y obras*, in "Cuadernos de filolologia clássica" 10, 1976, pp. 189-247.

Sulla scorta di questa empatia per la figura di Traiano, Ciaconio compose pertanto una *Historia seu verissima a calumniis multorum vindicata, quae refert M. Ulpii Traiani Augusti animam precibus Divi Gregorii pontificis Romani a Tartareis cruciatibus ereptam*[46], edita a Roma nel 1576 e dedicata a papa Gregorio XIII († 1585), noto ai più, oltre che per i suoi interessi culturali, anche per la riforma del calendario che ne porta ancora oggi il nome.

In questa prima opera incentrata su Traiano, Ciaconio profuse a piene mani "energie ed erudizione al fine di difendere la veridicità di una diffusissima e popolare leggenda medievale"[47], quella – da noi poco sopra citata – di Traiano e della vedova (basata su un episodio della *Storia romana* di Cassio Dione riferito però non a Traiano, bensì ad Adriano, nel libro LXIX dell'opera) e della sua resurrezione ed ammissione in paradiso ad opera delle preghiere di Gregorio Magno.

Ciaconio difese l'attribuzione dell'atto pietoso a Traiano, sostenendo che la sua "modifica" in favore di Adriano era stata opera dell'epitomatore bizantino degli scritti di Dione, l'erudito Giovanni Xifilino[48]:

Ma dirà forse alcuno, che Dione e Xifilino nella sua *Epitome*, fanno nella vita di Adriano menzione d'un'altra donna, la quale domandò e ottenne una cosa simile da Adriano, che noi diciamo di questa nostra haver fatto a Traiano. Imperòche facendosi incontro ad Adriano una donna per la via, e dimandandogli udienza, ed egli negandogliela, con dire che allora non era il tempo, ella soggiunse con alta voce: "Se tu non vuoi udire i popoli, non volere ancora regnare". Le quali parole avendo l'Imperatore udite, e da quelle mosso, rivolto alla donna, l'ascoltò volentieri. Da che segue, che sì come di questa di Adriano fecero menzione i detti scrittori, così avrebbero

---

[46] Edita in traduzione italiana con il titolo di *Istoria nella quale si tratta esser vera la liberazione dell'anima di Traiano imperatore dalle pene dell'Inferno, per le preghiere di S. Gregorio papa*, Stamperia del Bonetto, Siena 1616.

[47] M. LŐRINCZI, *Le scene finali delle due guerre daciche raffigurate sulla Colonna Traiana: i commentari di Alfonso Chacón (XVI secolo) e di Wilhelm Froehner, John Hungerford Pollen, Conrad Cichorius (XIX secolo)*, <http://cisadu2.let.uniroma1.it/air/docs/interventi/Chacon-Colonna-Traiana.pdf> 6 agosto 2010, p. 6.

[48] CIACONIO, *Istoria…*cit., pp. 17-18.

fatto ancora di quella di Traiano, se fosse stata vera. Confesso che questo fatto potette ancora essere al tempo di Adriano, ma io nondimeno più tosto dubito esser'accaduto per difetto ed errore di Dione, e di Xifilino, che tutto quello che intorno a ciò avevano questi due autori o letto, o udito di Traiano, habbiano attribuito ad Adriano, sì come a gli storici scrittori molte volte suole accadere.

L'opera non ricevette però buona accoglienza fra gli eruditi del tempo, attirandosi anzi dure critiche da parte del cardinale Roberto Bellarmino († 1621) che definì la seconda addirittura "una favola".

Ciò non scoraggiò tuttavia Ciaconio dall'interessarsi sempre più alle vicende di Traiano; il suo sodalizio con il pittore, incisore ed artista bresciano Girolamo Muziano († 1592), infatti, fu determinante.

Conosciuto Ciaconio a Roma, dove entrambi frequentavano gli ambienti artistici della capitale papalina, Muziano gli illustrò il suo progetto di riprodurre i fregi del bassorilievo a spirale della Colonna Traiana e di dotarli di un commento chiarificatore in lingua latina: per realizzare quest'ultima parte del suo progetto, però, l'artista bresciano aveva bisogno dell'erudizione del prete spagnolo, uno dei massimi conoscitori dell'opera di Cassio Dione, l'unico autore antico superstite che aveva narrato con una certa ampiezza i fatti d'arme delle guerre daciche, immortalati per l'appunto nella Colonna, e da cui si poteva tentare di attingere qualche barlume di chiarezza.

Ciaconio accettò con entusiasmo, tanto che Muziano, nel 1569, aveva costituito una società per trasporre a stampa i rilievi della colonna Traiana[49]; difatti, nel 1576, dopo un duro ed indefesso lavoro di ricostruzione e di osservazione, vide la luce la celeberrima *Historia utriusque belli Dacici a Traiano Caesare gesti ex simulacris, quae in eiusdem columna Romae visuntur collecta* ("Storia di entrambe le guerre daciche condotte da Traiano Cesare, basata sulle sculture che si vedono raccolte sulla sua Colonna a Roma"), edita da Zanetti e Tosi e dedicata a Filippo II di Spagna, in

---

[49] B. BASTIANETTO, *Una 'società' mista per le incisioni dalla colonna Traiana*, in G. SAPORI (a cura di), *Il mercato delle stampe a Roma: XVI-XIX secolo*, San Casciano (Firenze) 2008, pp. 21-37.

un certo senso "conterraneo" di Traiano. Pur conoscendo molto bene il testo di Dione-Xifilino, Ciaconio si dimostrò molto indipendente nella sua "lettura" dei fatti esposti nei rilievi, e proprio in questa sua intuizione risiede una parte importante del suo lavoro.

Le tavole illustrative che accompagnavano l'opera furono ovviamente realizzate dal Muziano da cui, come si legge nel proemio, era partita l'iniziativa. Questo lavoro ebbe tra i secoli XVI e XVII ben cinque edizioni, di cui una in traduzione italiana a cura di Giovanni Pietro Bellori.

Il Ciaconio, negli anni successivi e fino alla morte, avvenuta a Roma il 14 febbraio del 1599, si dedicò a lavori sui cimiteri paleocristiani dell'Urbe, che esulano dall'orizzonte d'interesse del presente scritto.

Emil Poenaru osservava, nel suo agile studio sulla Colonna Traiana che, se pure i rilievi ideati da Apollodoro di Damasco avevano avuto come base il testo dei *Dacica* traianei, essi avevano acquisito una vita oramai così autonoma che sarebbe stato impossibile eseguire un'operazione inversa, ovvero ricostruire a partire da essi l'originario testo dei *Commentarii*; Ciaconio avrebbe probabilmente dissentito, dato che egli – con la sua opera – non creò un'*illustratio* o una semplice *descriptio* dei bassorilievi del monumento, ma ne evinse una vera e propria *historia* delle due campagne daciche, formulandola in un latino colto ma essenziale che, senza che ciò rientrasse probabilmente nei suoi piani iniziali, si avvicinò inevitabilmente molto al dettato di Traiano che servì ad Apollodoro per ideare e dirigere la realizzazione dei bassorilievi.

Naturalmente oggi nessuno sarebbe così ingenuo da credere anche per un solo momento che il testo elaborato da Ciaconio corrisponda agli *ipsissima verba* dei *Dacica* di Traiano, che – a parte il frammento conservato da Prisciano e forse qualche eco in Vegezio – sono andati irrimediabilmente perduti; tuttavia, con le opportune correzioni desunte dalle analisi ottocentesche di W. Froehner e di Cichorius e dagli studi più recenti, non è operazione inutile tentare di rendere, a grandi linee, perlomeno *l'idea* di quanto presente in quel prezioso diario di guerra.

Successori del Ciaconio nello studio della Colonna Traiana

Circa un secolo dopo fu a volta dell'incisore Pietro Santi Bartoli, nato nella villa paterna di Bartola, in territorio perugino, nel 1635, e trasferitosi ben presto a Roma, a cimentarsi in una nuova resa grafica del lavoro di Muziano e di Ciaconio, accompagnandola con una traduzione italiana (abbreviata) dello scritto latino del frate predicatore spagnolo ad opera di Gian Pietro Bellori († 1696), commissario per le antichità di Roma sotto Clemente X, nonché antiquario e bibliotecario della regina Cristina di Svezia. Bellori, per così dire, "aggiustò il tiro", correggendo certe interpretazioni di Ciaconio, rivelatesi erronee o imprecise, e ampliandone il testo in italiano, laddove ritenne opportuno, per meglio chiarirne il significato. L'opera fu dedicata a Luigi XIV, definito pomposamente "il Traiano della Francia"[50].

Del resto era stato proprio Luigi XIV, grande estimatore dei monumenti antichi, che – nel quinquennio tra il 1665 e il 1670 – ordinò una prima serie di calchi dei bassorilievi della Colonna Traiana; nel corso dei lavori di riproduzione Bartoli ricontrollò e ridisegnò (con una grazia che forse le originali figure non possedevano) l'intera serie di disegni di Muziano. Il celebre numismatico svizzero André Morell († 1700) riprodusse l'intero fregio traianeo proprio a partire da questi calchi voluti da Luigi XIV e non dal vero ma la sua fatica fu giudicata piuttosto negativamente da uno dei più celebri studiosi della Colonna del XIX secolo, Wilhelm Froehner[51].
Quest'ultimo, nato a Karlsruhe nel 1834 e spentosi a Parigi nel 1925, fu un apprezzato filologo, antiquario e conservatore al Museo del Louvre, e poté contare sull'appoggio e la stima incondizionati di Napoleone III.

---

[50] W. FROEHNER, *La Colonne Trajane*, Typographie Charles de Mourgues Frères, Paris 1865, pp. IX-X.

[51] A. MORELL, *Thesaurus Morellianus, sive familiarum Romanarum nomismata omnia*, III, apud J. Wetstenium et Gul. Smith, Amstelaedami 1734; FROEHNER, *La Colonne Trajane*, cit., p. XII, definì il lavoro di Morell "abbastanza insignificante (…) e accompagnato dal commento, non meno mediocre, di Gian Antonio Gori, antiquario fiorentino".

Nel 1865 pubblicò una descrizione della Colonna, facendo oggetto di un pionieristico lavoro di riproduzione fotografica i nuovi calchi che di essa aveva fatto fare Napoleone III tra il 1861 ed il 1862, successivamente riprodotti in tre serie (il che fu un bene, dato che l'attuale stato di conservazione dei bassorilievi originali si è molto degradato, a causa dell'eccessiva esposizione all'inquinamento automobilistico della Roma attuale). Il commento di Froehener è accurato e penetrante, ma a volte pecca di interpretazioni personali basate su dettagli non documentati, il che inficia in parte il suo lavoro, che resta comunque imprescindibile e fondamentale.

Il più grande commentatore ed interprete moderno della Colonna è tuttavia Conrad Cichorius (nato a Lipsia nel 1863 e morto a Bonn nel 1932), storico e filologo formatosi alla scuola di Theodor Mommsen, nonché rettore dell'università di Bonn dal 1923 al 1928.

Il suo lavoro più importante (a quanto mi risulta finora mai tradotto in italiano) è senz'altro *Die Reliefs der Trajanssäule*, pubblicato tra il 1896 e il 1900, comprensivo di due volumi di riproduzioni fotografiche, che ripropongono la suddivisione delle due guerre daciche (101-102 e 105-106 d.C.). Le foto non sono basate sui rilievi originali della Colonna, bensì sui 414 calchi del Laterano (attualmente visitabili presso il Museo della Civiltà Romana) ed eseguiti a partire dalle matrici realizzate per ordine di Napoleone III.

Cichorius assemblò i calchi secondo quello che riteneva il miglior ordine narrativo ed espositivo e li fotografò in tal maniera, fornendo per la prima volta un moderno *database* per gli studiosi dei rilievi della Colonna. I suoi studi fecero scuola e molte erronee convinzioni dei primi ricercatori (incluso Ciaconio) possono oggi essere corrette grazie a questo pionieristico lavoro.

* *
*

Resta però, indubitabilmente, esclusivo merito del Ciaconio l'aver voluto comporre in lingua latina una *Historia* delle guerre daciche traianee, ripercorrendo così a ritroso il cammino che ci ha portato dalla tenda di Traiano, intento a dettare i suoi freschi e vividi ricordi al segretario personale fino al cantiere di Apollodoro nel Foro, dove i *Dacica* si impressero indelebilmente, sotto forma di immagini incise nel marmo, in uno dei più celebri e grandiosi monumenti imperiali.

Con l'aiuto del testo di Ciaconio vediamo dunque di ricostruire, ad unico beneficio della nostra curiosità, il narrato dei *Dacica*, compiendo un altrimenti impossibile viaggio nella mente dell'imperatore Traiano.

Criteri della presente ricostruzione

Ribadiamo: a parte il frammento testuale conservato da Prisciano, una ricostruzione precisa degli *ipsissima verba* di Traiano è del tutto impossibile.

Detto questo, partiamo dall'assunto che Theodor Birt ha incisivamente fatto suo, ed oggi largamente condiviso dalla tragrande maggioranza degli studiosi, ovvero che i rilievi a spirale della Colonna Traiana non siano altro che il *pendant* illustrato dei *Dacica* di Traiano.

Ammesso ciò, abbiamo ritenuto possibile elaborare una sorta di ipotetica ed indicativa "retroversione" dal bassorilievo al testo latino originario, basandoci essenzialmente sui seguenti elementi:

1) Il testo già elaborato da Ciaconio nel XVI secolo nella sua *Historia utriusque belli Dacici a Traiano Caesare gesti*, avendo cura – per ricreare perlomeno l'idea dell'originaria forma diaristica di Traiano – di volgere lo scritto dalla terza alla prima persona e di trasformarne il presente storico (e descrittivo) nella forma verbale del perfetto storico, che sappiamo originariamente adoperata dall'imperatore grazie a Prisciano.

2) Emendamenti, correzioni ed aggiustamenti proposti di volta in volta dalle osservazioni e dagli studi del Bellori, del Froehner, del Cichorius e del Paribeni, che hanno spesse

volte modificato anche sensibilmente quanto era stato ricostruito dalle osservazioni del Ciaconio.

3) Brani desunti o parafrasati dalla *Storia romana* di Cassio Dione e di Xifilino, che garantisce una sia pur tenue continuità del narrato, specie nello spiegare alcuni dettagli e nel limitare la cesura fra le due guerre Daciche.

4) Inserimento di nomi di soldati, ufficiali e personaggi effettuato grazie ai ritrovamenti epigrafici (ad esempio quelli segnalati nell'*Année Epigraphique*): dove ciò non è stato possibile abbiamo posto una *crux desperationis* (†); per pochissimi casi solidamente comprovati, tuttavia, si tenga bene a mente che anche l'inserimento di questi nominativi è una nostra mera e personale congettura, che *non sostituisce* l'originale dettato traianeo, ma che si limita a suggerirne un *possibile* contenuto.

5) Presenza di brani desunti dal *De bello Gallico* di Cesare: come abbiamo già ricordato (e in linea con gli studi biografici di Traiano in questo senso), i *Commentarii* sulle campagne galliche di Giulio Cesare hanno fornito un modello per eccellenza all'opera di Traiano, che vi si ispirò con tutta probabilità anche in alcune parti del suo scritto. La "biblioteca viaggiante" che accompagnava l'imperatore non doveva essere molto stimolante per un cultore delle lettere: a parte la presenza di dispacci, rapporti da esploratori e missive da governatori e ufficiali, petizioni, memorandum, relazioni sulle ambasciate ricevute e inviate, appunti e una buona serie di carte geo e topografiche indispensabili all'avanzata dell'esercito in Dacia, difficilmente altri testi vi trovavano posto e non vi era nulla che facesse ricordare, per esempio, la sontuosa biblioteca itinerante che accompagnò Napoleone in quasi tuttie le sue campagne e spostamenti, incluso l'ultimo esilio a Sant'Elena. Un'eccezione può essere fatta alcuni scritti tecnici di ingegneria militare e dei testi di poliorcetica, che avevano agli occhi di Traiano una stretta attinenza con il suo diuturno impegno bellico; per tale ragione è probabile che una copia dei *Commentarii* cesariani

(solo quelli tuttavia inerenti la guerra gallica e gli scontri con i barbari, la *Guerra Civile* non doveva interessare direttamente il Nostro, che pur la conosceva) fosse materialmente presente nel suo "ufficio mobile", curato dal proprio segretario particolare. Ecco quindi come Traiano, se pure non ricorse alla sua memoria personale, poteva attingere al testo di Cesare, laddove esso narrava una situazione analoga a quelle affrontate in Dacia. Con i dovuti aggiustamenti, che abbiamo operato in alcuni punti del testo, si è accolto anche qualche brano del testo cesariano, sicuramente tenuto presente da Traiano. Anche questa, sottolineamo, è però una nostra congettura, per quanto plausibile.

6) I *Dacica*, proprio come il noto incipit del *De bello Gallico*, iniziavano quasi sicuramente con una breve *descriptio* geografica e alcune annotazioni sulle popolazioni che abitavano il territorio della Dacia. Per ricreare ciò ci siamo basati su un testo latino del XVI secolo, la *Chorographiae Transylvaniae, quae olim Dacia appellata*, pubblicata dallo scrittore transilvano Giorgio Reychersdorff nel 1550, che descrive il territorio dacico in termini classicheggianti i quali, in linea generica, non possono esulare troppo da quanto di essi narrava Traiano (estensione del paese, monti, fiumi, feracità del suolo, carattere generale degli abitanti, etc.). A ciò si aggiungano alcuni nomi di località desunte dalla *Tabula Peutingeriana*, la grande mappa tardo antica dell'Impero Romano scoperta dall'umanista e diplomatico tedesco Konrad Peutinger († 1547) in una copia del XII-XIII secolo.

7) Per le *adlocutiones* di Traiano e di Decebalo ai ripettivi eserciti si è ricorso, come già accennato, alle brevi econgetturali parafrasi del Cicorio e – laddove queste mancavano – alla parafrasi latina del *Bellum Iudaicum* del cristiano Tirannio Rufino o del pagano Ammiano Marcellino; essi, com'è logico, non possono supplire in alcun modo alla scomparsa delle orazioni originali, elaborate

probabilmente da Licinio Sura e corrette da Critone, ma possono perlomeno dare un'idea, del tutto generale, degli argomenti trattati, del tono esortativo e parenetico dei discorsi, in breve dell'atmosfera e degli stati d'animo che essi potevano suscitare negli ascoltatori.

8) Suddivisione dell'opera in quattro libri, uno per ogni anno di guerra, proprio come risulta dall'originale modello cesariano, che sicuramente Traiano ha tenuto presente.

9) Ampio spazio dedicato alla narrazione dell'assedio e della conquista di Sarmizegetusa, capitale di Decebalo, visto probabilmente da Traiano come momento culminante dell'impresa dacica; il breve e stringato testo di Ciaconio è stato ampliato con la drammatica narrazione desunta dalla *Guerra Giudaica* di Rufino (IV sec. d.C.), traduttore latino di Giuseppe Flavio, inerente gli assedi di Iotapata e di Gerusalemme (a cui, tra l'altro, partecipò anche Traiano il Vecchio, padre del Nostro).

Con il presente lavoro non abbiamo certo avuto la pretesa o la presunzione di aver "ricreato" *ex nihilo* una fonte primaria perduta, né di aver "confezionato" un centone di fonti scritte, iconografiche e archeologiche pregresse per colmare un *horror vacui* che può facilmente cogliere lo studioso dell'epoca traianea.

La filosofia di questo studio va piuttosto cercata nel precedente di Giovanni Freinshemio (Johann Freinsheim, † 1660), che sopperì ai libri mancanti dell'*Ab Urbe condita* di Tito Livio – e a quelli di Curzio Rufo su Alessandro Magno – con dei preziosi supplementi, in cui rese in un latino classico tutte le fonti greche (Appiano, Diodoro Siculo, etc.) che trattavano del periodo "perduto" nelle svanite deche liviane, al fine di fornire al lettore uno sguardo d'insieme, permettendogli di farsi un'idea, un'impressione forse non troppo lontana dal vero dello scritto di Livio quand'era ancora integro.

Era questo precisamente il nostro intento, nell'accingerci a scrivere questo libro che, ci auguriamo, potrà condurre il lettore non eccessivamente distante da ciò che l'imperatore Traiano intese comunicare ai contemporanei e ai posteri con i suoi scritti perduti.

Testimonianze antiche sulla cultura di Traiano

(dall'*Historicorum Romanorum Fragmenta* di Hermann Peter,
pp. 323-324)

M. VLPIVS TRAIANVS

(natus a. 53. 806, imperator 98. 951 — 117. 870)

DE EIVS ERVDITIONE TESTIMONIA

1. *Cass. Dio 68, 7* Παιδείας ἀκριβοῦς, ὅση ἐν λόγοις, οὐ μετέσχε, τό γε μὴν ἔργον αὐτῆς καὶ ἠπίστατο καὶ ἐποίει.

2. *Iulian. Caes. p. 327*^A Δίδοται μετὰ τοῦτον τῷ Τραϊανῷ τοῦ [15] λέγειν ἐξουσία· ὁ δὲ, καίπερ δυνάμενος λέγειν, ὑπὸ ῥαθυμίας (ἐπιτρέπειν γὰρ εἰώθει τὰ πολλὰ τῷ Σούρᾳ γράφειν ὑπὲρ αὐτοῦ) φθεγγόμενος μᾶλλον ἢ λέγων ἐπεδείκνυεν αὐτοῖς τό τε Γετικὸν καὶ τὸ Παρθικὸν τρόπαιον.

3. *Aurel. Vict. ep. 13, 8* Magis simpliciora ingenia aut eru- [20] ditissimos, quamuis ipse parcae esset sententiae moderateque eloquens, diligebat.

[1]

Cassio Dione, *Storia romana*, 68, 7.

[Traiano] non aveva ricevuto una vera e propria *paideia*, ma ne conosceva i principî e li applicava, né c'era qualcosa in cui non si distinguesse nel migliore dei modi.

[2]

Giuliano Imperatore, *I Cesari*, 28 A.
Dopo di lui (*scil.* Ottaviano), vien data a Traiano la facoltà di parlare. Ed egli, pur avendo in potenza virtù dialettica, metteva

in mostra i trofei vinti ai Geti e ai Parti, e, più che parlare, farfugliava a causa della sua indolenza (di solito, infatti, affidava a Sura la stesura, a suo nome, delle molte cose di competenza).

[3]

Pseudo Aurelio Vittore, *Epitome dei Cesari*, 13, 8.

[Traiano] prediligeva di volta in volta le persone dotate di talento o quelle più erudite, benché egli stesso fosse di cultura modesta e [dotato] di un'eloquenza mediocre.

Liber I Commentariorum de bello Dacico

Libro I dei Commentari sulla Guerra Dacica

[1]⁵²

Fines Dacorum comprehensi sunt inter flumen Tibiscum, in plaga occidentale, montem Carpatum in regionibus septentrionalibus, amnem Hierasum in occasum et Danubium in meridiem.

Dacia vero usque oppidum Porolissensum in plaga septentrionale se extendit et fines Iazigium, Burorum, Costobocium Wandalorumque tangit.

In regione occidentale urbes Apulum, Partiscum et Micia sunt atque inter montes loci magnam abundantiam auri argentique apud Alburnum Maiorum extat. Hinc flumen Marisus fluit ab Partiscum usque Lussonium, in Pannonia Inferiore sita. A Drobeta usque Acmoniam plura munitissima oppida sunt, inter quos Diernam et Tibiscum memoro. A Viminacium in Moesia viam est quam usque Berzobim et Aizim et hinc Sarmizegetusam urbem regiam Dacorum pervenit. Haud longe a Sarmizegetusa amnem Sargetiam fluit.

Innumerabili vero sunt oppida burgique apud amnem Alutanum sunt, inter quos Malvam, Acidavam, Rusidavam, Buridava Arutelaque maiores et munitiores extant. Trans Alutanum Pelendava sita est.

In meridie, flumen magnus Danuvius, Histrus ex Graecibus appellantus, Dacia a Moesia Inferiore Superioreque dividit.

---

⁵² *TABULA PEUTINGERIANA*, sez. 7 : Dacia, Danubio e Mesia Inferiore; W. FROEHNER, *La Colonne Trajane*, pp. 1-2.

I territori dei Daci sono compresi tra il fiume Tibisco, nella landa occidentale, i monti Carpazi nelle regioni settentrionali, il corso d'acqua del Pruth ad oriente e il Danubio a sud.

La Dacia si estende dunque nelle lande settentrionali sino alla fortezza di Porolissum[53] e tocca i territori degli Iazigi, dei Buri, dei Costoboci e dei Vandali.

Nella regione occidentale si trovano le città di Apulum, di Partiscum e di Micia e fra i monti del luogo vi è una grande abbondanza di oro e di argento, nei pressi di Alburnus Maior. Da qui il fiume Marisus scorre da Partiscum fino a Lussonium, situata quest'ultima nella Pannonia Inferiore. Da Drobeta sino ad Acmonia si trovano numerose e fortificatissime piazzeforti, tra cui ricordo Dierna e Tibiscum. Da Viminacium, in Mesia, c'è una strada che giunge sino a Berzobia ed Aizi, e da qui prosegue fino a Sarmizegetusa, capitale reale dei Daci. Poco distante da Sarmizegetusa scorre il fiume Sargezia.

Innumerevoli sono poi le fortezze e i borghi situati presso il fiume Olt, fra cui i più grandi e i più fortificati rimangono Malva, Acidava, Rusidava ed Arutela. Al di là dell'Olt è situata Pelendava.

Il grande fiume Danubio divide a sud la Dacia dalla Mesia Inferiore e da quella Superiore.

---

[53] Porolissum, presso l'odierno villaggio di Moigrad, in Transilvania, era un importante centro militare della Dacia romana, al centro del cosiddetto limes Porolissensis; fu creato inizialmente come un accampamento militare nel 106, al termine della conquista della Dacia.

[2][54]

Dacia regio a Carpato monte incipiens, quicquid terrae ab occasu, Thybisco amne: a meridie, ut diximus, Danubio; a septentrione usque orientem, Sarmatica Europae clauditur, Daciae nomine omnis apprehendit.

[3][55]

In primis igitur exordiendo a confinibus Moesiarum provinciarum, dum scilicet iter versus Daciam spectant, satis plana est terra, rebusque ad humanam ncessitatem pertinentibus plenissima, montibus et alpibus minime impedita.

[4][56]

Caeterum Moesias esse duas, quas Superioris et Inferioris appellatione secernit, in alteram Danubii partem transfert, quae est versus Daciam: et superiorem quidam ex inferiori deducit Pannonia, a Savo amne Danubio confluente, Inferiorem autem iuxta parte ultra Danubium extendit in Scythiam.

---

[54] G. REYCHERSDORFF, *Chorographiae Transylvaniae, quae olim Dacia appellata*, p. 5
[55] REYCHERSDORFF, *Chorographiae Transylvaniae*, p. 25.
[56] REYCHERSDORFF, *Chorographiae Transylvaniae*, p. 5.

La regione dacica inizia dai monti Carpazi, estendendosi da occidente sino al fiume Tibisco; a sud è delimitata, come abbiamo già detto, dal Danubio, da nord sino ad oriente è chiusa dalla Sarmazia europea, e prende il nome complessivo di Dacia.

In primo luogo, dunque, uscendo dai confini delle province di Mesia, guardando cioè in direzione della Dacia, la terra si presenta abbastanza pianeggiante, pienissima delle cose che servono a soddisfare le necessità umane, interrotta in minima parte da monti e rilievi.

Le Mesie, inoltre, sono due, che si è soliti distinguere con l'appellativo di Superiore e di Inferiore; esse si trovano sull'altra sponda del Danubio, rispetto alla Dacia, e sia partendo dalla Superiore che dalla Inferiore si può raggiungere la Pannonia, che inizia a partire dalla confluenza del fiume Sava nel Danubio; le propaggini della Mesia Inferiore si estendono peraltro anche nella zona al di là del Danubio, nella Scizia.

[5][57]

Daci hanc terram incolunt; hi vero munitissimas passim et urbes et arces habent, qui rebus omnibus caeteris nationibus facile praestant. Terra quidem natura sua, auri, argenti, vini, frumenti, pascuorum, pecorum, fontium, fluminum, breviter rerum omnium, quae ad vitae usum pertinent, ditissima est.

[6][58]

In primis Dacicus iste populus in regionibus trans Danuvium ex Tracia – ut aiunt – deductus, agricultura studiosis et rusticae rei addictissimus, qui natura sua lingua utitur Getica seu Dacica. Daci enim, sicut ceterae omnes nationes, peculiarem linguae dialectum habent. Et ut hoc addam, quod aliis nationibus tam morum facilitate quam pietate et religione longe praestant.

[7][59]

Zamolxis maxime inter deos colunt, quia leges eorum tulit: fuit vero Zamolxis Pythagorae servus discipulusque, qui in patriam reversus, Dacis Graecos mores docuit, et vitae instituta et religionem. Ideo in deorum numerum relatum est et post mortem cum eo revertire putant.

---

[57] REYCHERSDORFF, *Chorographiae Transylvaniae*, p. 4.
[58] REYCHERSDORFF, *Chorographiae Transylvaniae*, p. 3.
[59] ERODOTO, *Storie*, IV, 95; STRABONE, *Geografia*, VII, 2.

I Daci coltivano questa terra; essi possiedono poi città e piazzeforti assai fortificate, sparse qua e là, che dispongono facilmente di tutte le cose utili agli altri popoli. La terra inoltre è per sua natura ricchissima di oro, argento, vino, frumento, pascoli, armenti, fonti, fiumi e – per farla breve – di tutto ciò che è indispensabile alla vita.

In origine il popolo dei Daci, come si racconta, fu condotto dalla Tracia nelle regioni al di là del Danubio, assai esperto nelle attività agricole e nella cura dei campi, e per sua natura adoperava la lingua getica o dacica. I Daci, infatti, come le altre nazioni, possiedono un loro idioma particolare, e a ciò aggiungo che sopravanzano le altre popolazioni sia per la semplicità dei costumi, sia per la pietà e il gran fervore religioso.

Fra gli dèi venerano soprattutto Zamolxi, poiché portò loro le leggi: fu infatti costui uno schiavo ed un discepolo di Pitagora che, tornato in patria, insegnò ai Daci i costumi dei Greci, nonché le istituzioni della vita e la religione. Per queste ragioni venne annoverato fra gli dèi e dopo la morte si crede di riunirsi a costui.

[8]⁶⁰

Genus vero hominum montium Daciae regionis septentrionalis durissimus est, nec nisi armentis et pecoribus plearumque etiam furtivo pecorum ac equorum abigeatu se alentes. Hi more suo, pilosis seu hirsutis ex lana caprina contextis, suaque manu elaboratis amiciuntur vestibus, nullis penitus legibus humanis obsequentes.

[9]⁶¹

Foeminae Dacicae, ut fert eorum natura, quanto imbellior, tanto atrocior, in barbarie viris horridiores. Laetae superbaeque, facibus armatae, nudos revinctisque manibus captivos accipiebant: post ludibria, aliae capitis vertici, aliae humeris, aliae brachiis, aliae aliis membris faces admovebant.

[10]⁶²

Daciae incolae ab antiquo contra omnium hostium impetum citra ullum externarum gentium praesidium, armis suis et sumptibus propriis, et strenuissime liberatem eorum conservaverunt: neque etiam Daci ulla obsidione aut oppugnatione, vel hostium incursione aut formidine ductos, ut defessis viribus in aliquam deditione provocati fuissent, tam austera et militari defensione, robustiorem animum praebuere, ne hostium arrogantibus minis territi, in defectionem se trahi paterentur.

---

60 REYCHERSDORFF, *Chorographiae Transylvaniae*, p. 3.
61 C. TROYA, *Studii intorno agli Annali d'Italia del Muratori*, I, p. 138.
62 REYCHERSDORFF, *Chorographiae Transylvaniae*, p. 8.

La razza degli uomini che popolano poi le regioni montuose settentrionali della Dacia è durissima, procurandosi costoro da vivere in nessun altro modo se non allevando armenti ed ovini, nonché con le razzie di pecore e cavalli. Secondo le loro usanze tessono vesti di pelo o di velli di lana caprina, confezionandosi gli abiti da soli e non seguendo – o quasi – alcuna legge formulata dall'uomo.

Le donne daciche, secondo la loro natura, sono tanto più feroci quanto sono imbelli, assai più raccapriccianti nella propria barbarie rispetto agli uomini; liete e superbe, armate di fiaccole ardenti, solevano impadronirsi dei prigionieri nudi e con le mani legate: dopo averli dileggiati, alcune li torturavano [con queste fiaccole] sulla sommità del capo, altre sulle spalle, altre ancora sulle braccia ed alcune sulle restanti membra.

Gli abitanti della Dacia fin dai tempi antichi si sono opposti agli attacchi dei nemici, ed in breve alle forze di tutti i popoli stranieri, con le loro sole armi e a spese proprie ed hanno conservato in modo assai valoroso la propria libertà: nessun assedio o combattimento o incursione o timore del nemico hanno mai potuto infiacchirli, facendo sì che si arrendessero a richiesta, tanto austera e marziale è la loro capacità di difesa, e disponendo costoro di un animo più forte nonché incapace di farsi atterrire dalle arroganze degli avversari e di concedere ad essi la propria resa.

[11][63]

Haec nobilissima ac opulentissima regio est, pluribus aucta nationibus et incolis, omniumque rerum, quae ad humanum spectant usum, longe refertissima, auro et argento, saliumque fodinis, ex quibus quotannis ingens thesaurus hauritur, cum viniferis montibus et iumentorum et pecorum ingenti moltitudine undiquaque referta.

[12][64]

Porro eam gentem Dacos appello (gentem Decebali): nam ita se ipsi nominant, eodemque nomine a Romanis appellantur; etsi non ignoro, eo a quibusdam Graeci Getas esse dictos: recte ne an secus fiat, non curantibus. Ego quidam scio, Getas trans Haemum apud Danubium incolere.

[13][65]

In illo tempore super Getos seu Dacos quos ultra Danubium colebant, rex Decebalus strenuissimus imperabat; quoniam is erat et in cognoscendis rebus bellicis perspicax, et in agendo solers; recte invadendi, et opportune recedendi gnarus: insidiis locandis artifex, in proeliis manu promptus: tam victoria recte utendi, quam cladi acceptae probe medendi peritus. Quamobrem diutissime adversarius gravis fuit populo Romano.

[63] REYCHERSDORFF, *Chorographiae Transylvaniae*, p. 18.
[64] CASSIO DIONE, *Storia Romana*, LXVII, 6.
[65] CASSIO DIONE, *Storia Romana*, LXVII, 6.

Questa è una nobilissima e ricchissima regione, resa grande dal numero di popoli e di abitanti e di tutte le cose che sono indispensabili all'esistenza umana, è molto ben provvista di oro e di argento, di cave di sale da cui si ricava un ingente tesoro, senza contare le alture vinifere e la grande abbondanza di mandrie e bestiame che è possibile rinvenire ovunque.

Designo questa gente – i sudditi di Decebalo – con il nome di Daci, proprio come essi stessi usano chiamarsi e come li indicano anche i Romani, ma non ignoro che da alcuni Greci sono definiti Geti, incuranti del fatto di denominarli in tal modo correttamente oppure no. Io, infatti, conosco per Geti coloro che vivono al di là dell'Emo, lungo il Danubio.

In quel tempo regnava sui Geti o Daci che risiedevano al di là del Danubio il valorosissimo re Decebalo. Era costui perspicace sia nella tattica sia nella strategia militare, abile nell'attaccare e scaltro nel ritirarsi, esperto nelle imboscate e maestro del combattimento, valente conoscitore di come approfittare di una vittoria e di come porre rimedio ad una sconfitta. Per queste ragioni fu certamente a lungo un pericoloso avversario del popolo romano.

[14][66]

Domitianus duas bella per legatos suos contra Dacos gessit: primam Oppio Sabino consolari oppresso, secundam Cornelio Fusco[67], praefecto cohortium praetorianarum, cui belli summam commiserat. De Dacis post varia proelia triumphum egit.

[15][68]

Iulianus, cui cura belli gerendi ab imperatore mandata erat, cum caetera bene constituit, tum et iussit milites sua et centurionum nomina in scutis inscribere; quo facilius ii, qui praeclare aliquid, aut turpiter fecissent, agnoscerentur: congressusque cum hostibus in Tapis, magnum numerum eorum concidit. Ex quibus Vezinas, qui secundum locum post Decebalum obtinebat apud suos, quum vivus non posset fuga evadere, de industria pro mortuo cecidit ; deinde noctu clam profugit. Decebalus veritus, ne Romani victores regiam eius irruerent: arbores, quae prope eam erant, succidi mandavit, et truncos armis indu, ut hostes eos, quasi milites essent, veriti, regredentur ; id quod factum est.

[66] SVETONIO, *Domiziano*, 6.
[67] Cfr., su Cornelio Fusco, l'epitaffio di MARZIALE, *Epigrammi*, VI, 76.
[68] CASSIO DIONE, *Storia Romana*, LXVII, 10.

Domiziano condusse due guerre contro i Daci tramite i suoi legati: la prima, dopo la sconfitta del consolare Oppio Sabino, la seconda dopo quella di Cornelio Fusco, prefetto delle coorti pretoriane, a cui aveva affidato il sommo comando di quel conflitto. Dopo aver combattuto varie battaglie celebrò un trionfo sui Daci.

Giuliano[69], preposto alla guerra dall'imperatore, predispose in modo opportuno diverse regole, ed ordinò che i soldati scrivessero sugli scudi il proprio nome e quello dei centurioni, in maniera tale che fra loro risultassero più riconoscibili quelli che realizzavano qualche valorosa impresa o che compivano qualche azione degna di biasimo. Scontratosi con i nemici a Tapae, uccise moltissimi di loro; uno di essi, Vezinas, che in seguito si schierò con Decebalo, poiché non gli era possibile fuggire vivo, si buttò a terra di proposito, come se fosse morto, e grazie a ciò, nottetempo, scappò nascostamente. Decebalo, allora, temendo che i Romani – oramai vittoriosi – attaccassero anche la sua reggia, fece abbattere gli alberi che si trovavano dietro di essa, e dispose delle armi attorno ai tronchi, in modo tale che gli avversari si ritirassero intimoriti, come se quelli fossero dei [veri] soldati. E così avvenne.

---

[69] Lucio Tettio Giuliano, che aveva sostituito Cornelio Fusco, legato della VII legione Claudia, console nell'83 d.C., aveva sconfitto i Rossolani che avevano tentato un'invasione della Mesia (TACITO, *Storie*, I, 79; II, 85).

[16]⁷⁰

Postquam in Urbe elatus est qua arrogantia Decebali Dacorumque, Senatus gerendi novum bellum contra barbaros me affidavit, gentes in pugna semper pronos, corporum vi et, quod ferocius, spe aeternitatis et melioris vitae, quam eorum animis indiderat Zamolxis.

[17]⁷¹

In Dacos igitur cum exercitu profecti sumus, quod nobiscum ea, quae fecissent, reputaremus ; quodque pecunia, quam ipsi quotannis capiebant, gravabamur. Cognita nostra profectione, Decebalus pertimuit. Quippe sciebat antea non populum Romanum, sed Domitianum ab eo superatum esse.

[18]⁷²

Decebalus legatos ad Romam misit, non amplius e numero comatorum, ut prius, sed pileatorum praestantissimos.
Interea et montes castellis munitos cepimus, et in illis arma, tormenta bellica, captivos, signum illud denique reperimus, quod captum sub Fusco fuerat.

---

[70] CESARE, *La Guerra Gallica*, I, 46; TROYA, *Studii intorno agli Annali d'Italia*, I, p. 130.
[71] CASSIO DIONE, *Storia Romana*, LXVIII, 6.
[72] CASSIO DIONE, *Storia Romana*, LXVIII, 9-1; 9-3.

Dopo che in Italia fu riferita quanta fosse l'arroganza di Decebalo e dei Daci, il Senato mi affidò il comando di una nuova guerra contro i barbari, stirpe sempre pronta alla lotta sia per la forza insita nei propri fisici, sia – cosa questa che li rendeva ancora più feroci – per la speranza in una vita eterna e migliore, che Zamolxi aveva inculcato nei loro animi.

Muovemmo dunque con l'esercito contro i Daci, avendo riflettuto sul loro recente comportamento, poiché eravamo infastiditi a causa del tributo ad essi corrisposto annualmente; Decebalo, venuto a sapere del nostro arrivo imminente, fu preda del timore, dato che si rendeva perfettamente conto che in precedenza aveva sconfitto non il popolo romano, bensì [il solo] Domiziano.

Decebalo inviò degli ambasciatori a Roma, non più scelti tra il numero dei "Chiomati", come aveva fatto in precedenza, ma fra i più prestanti dei "Pileati".
Nel frattempo occupammo alcune alture che erano state fortificate, e lì trovammo le armi, le macchine belliche, il bottino di guerra ed il vessillo che era stato un tempo preso nel corso della spedizione di Fusco.

[19]⁷³

Ita peracto itinere, cum omni exercitu ad fines Daciae pervenimus, ad Viminacium oppidum: ibique positis castris, quamvis promptos ad bellum milites continebat, una et ostendendo exercitum, quo hostes metu percelleret, spatiumque indulgendo poenitudinis, si quis ante praelium voluntatem mutaret, nihilominus autem murorum regionis instruximus obsidium.

---

73 RUFINO, *Guerra Giudaica*, III, 6, 3.

Avanzando con l'esercito incolonnato nel modo suddetto giungemmo ai confini della Dacia, presso la fortezza di Viminacium[74]: qui ponemmo il campo e tenni a freno i soldati impazienti di combattere, mettendo al contempo bene in vista le nostre forze per atterrire i nemici ed offrire loro la possibilità di riflettere nel caso volessero mutare la propria volontà prima di venire a battaglia. Nello stesso tempo ci apprestammo ad investire con assedi le città fortificate della regione.

---

[74] L'odierna Kostolac, ad est di Belgrado.

[20][75]

Responso legationibus civitatum sociorum reddito, et quonam primum tenderet cogitans, cisdanubianis regionibus itinere praestabilius esse duximus, quae Sarmizegethusae agerentur curare. Moesiam superior enim stabilem esse, Dacicas autem res a ducibus Decebali regis diutius perturbari. Misi igitur X legiones, me Senecionis ducibus, ad Lederatam cum multis equitum peditumque copiis auxiliaris atque cohortes praetorianorum cum praefecto eorum Tib. Claudio Liviano. Per alteram viam exercitum VII legionum et XII vexillationum comitibus P. Aelio Hadriano et D. Terentio Scauriano affidavi. Apud amnem Tibiscum, alias militum copias denuo congregare statuimus.

---

[75] RUFINO, *Guerra Giudaica*, IV, 11, 1 e 5

Dopo aver ricevuto le ambascerie delle città alleate, e pensando cosa fosse meglio fare per prima cosa, decidemmo in un consiglio[76] che, più che raggiungere le regioni al di qua del Danubio come inizialmente prestabilito, fosse più importante effettuare un'avanzata su Sarmizegetusa. La Mesia Superiore era infatti al sicuro, mentre gli affari della Dacia erano a lungo sconvolti dai generali di re Decebalo. Inviai dunque dieci legioni, poste sotto il mio diretto comando e quello di Senecione[77], a Lederata addieme a numerose truppe di cavalieri e fanti ausiliari, oltre alle coorti pretoriane con il loro prefetto Tiberio Claudio Liviano. Affidai un altro percorso all'esercito guidato dai miei compagni Publio Elio Adriano e Decimo Terenzio Scauriano, forte di sette legioni e di dodici vessillazioni.

Stabilimmo di riunire nuovamente le altre colonne dei soldati presso il fiume Tibisco[78].

---

[76] I membri del *consilium principis* di Traiano erano: il prefetto del pretorio Tiberio Claudio Liviano; i *comites* Licinio Sura (amico dell'imperatore e relatore dei suoi discorsi), Quinto Sosio Senecione (legato di legione ed ex console); Gneo Pinario Emilio Cicatricula Pompeo Longino (che fu in seguito preso prigioniero da Decebalo e si suicidò), Lusio Quieto, comandante della cavalleria maura, Publio Elio Adriano, cugino e futuro successore di Traiano, il senatore Decimo Terenzio Scauriano, che durante la campagna dacica si meritò per il suo eroismo quattro corone vallari e quattro vessilli d'argento. A costoro si affiancavano il governatore della Mesia Superiore, Gaio Cilnio Proculo ed il governatore della Mesia Inferiore, Manio Laberio Massimo, oltre al governatore della Pannonia, Lucio Giulio Urso Serviano.

[77] Si tratta del Senecione menzionato in un'iscrizione di Viminacium, *Année Epigraphique*, 1903, 00301: Cas(tra) Vim(inacensia) s(ub) c(ura) Se/[n]ecionis du(cis) ("gli accampamenti di Viminacium, posti sotto la cura del generale Senecione").

[78] Il Tibisco è un affluente di sinistra del Danubio. È lungo 976 km ed ha un bacino fluviale di circa 157.186 km². Il Tibisco Bianco e Tibisco Nero, corsi d'acqua nati nei Carpazi ucraini, che confluendo danno vita al Tibisco propriamente detto.

[21][79]

Nerva Traianus IV et Articuleius Peto consulibus[80], exercitus Romanorum ex castris apud Viminacium sua signa sequens proficiscitur. Cibo abunde perlato, castra die praedicto sunt mota.

[22][81]

Ex castris celeriter Lederatam, Apum Fluvium, Arcidavam et Centum Putei petivimus; hinc legatus legionis V Macedonicae, L. Minucius Natalis, facillime paucos equites barbarorum fugavit.

[23][82]

Inde Berzobim, deinde Aixim processimus.

[24][83]

Hinc Capitem Bubali et postea ad ripas amnis Tibisci pervenimus. Exercitus Hadriani Scaurianique, interea, ponte Drobetae transivit.

---

[79] CIACONIO, *Historia utriusque belli Dacici a Traiano Caesare gesti*, 43; AMMIANO MARCELLINO, *Storie*, 14, 10, 5.
[80] 101 d.C. Cfr. CASSIODORO, *Cronache*, a. 101.
[81] R. PARIBENI, *Optimus princeps*, pp. 228-229.
[82] TRAIANO IMPERATORE, *Dacica*, F1; si tratta dell'unico frammento testuale dei *Dacica* originali di Traiano.
[83] *TABULA PEUNTINGERIANA*, sezione 7.

Durante il mio consolato (per me era la quarta volta) e quello di Articuleio Peto, l'esercito romano si mosse dagli accampamenti nei pressi di Viminacium, preceduto dalle proprie insegne; dopo che ci si fu abbondantemente riforniti di viveri, il campo venne levato nel giorno previsto.

Dal campo raggiungemmo con celerità Federata, Apus Fluvium, Arcidava e Centum Putei[84]; da qui il legato della V legione Macedonica, Lucio Minucio Natale[85], mise assai facilmente in fuga pochi cavalieri barbari.

Dapprima avanzammo su Berzovia, poi proseguimmo fino ad Aixis[86].

Da qui raggiungemmo Caput Bubali e pervenimmo in seguito alle rive del fiume Tibisco. Nel frattempo l'esercito di Adriano e di Senecione passò a Drobeta per mezzo di un ponte.

---

[84] Le località sono segnalate nella *Tabula Peutingeriana* come immediatamente precedenti a quelle indicate da Traiano nell'unico frammento autentico dei suoi *Dacica* (vedi *infra*).

[85] Il nome del legato Minucio Natale è menzionato anche da R. PARIBENI, *Optimum princeps*, I, pp. 228-229, come segnalatosi durante qualche azione (come per esempio quella qui ipotizzata) della prima campagna.

[86] Berzovia è attualmente un insediamento situato nel distretto di Caraş-Severin, nel Banato, con meno di 5.000 abitanti, formato dall'unione di tre villaggi: Berzovia, Fizeş e Gherteniş; dal 102 al 118 fu sede della IV Legione Flavia Felix. Aizis corrisponde all'odierna Dealul Ruieni.

[25]⁸⁷

Explorato uado, duae acies equitum electis animalibus ordinavi intervallis conpetentibus separatae, ut per medium pedites et impedimenta transirent. Nam acies superior aquarum impetum franxit, inferior qui rapti subersique fuerant collegit atque transponit. Armata presidia in utraque ripa quoque collocavi, ne alveo interveniente divisi opprimantur ab hostibus; ex utraque parte praefiximus ac sine detrimento, si qua vis inlata fuerit, sustinere.

Pons ligneus super Danubium traiiciendo ad alteram fluminis ripam milites, navibus fluviatilibus constratus et ad utramque alvei extremitatem, quo firmior esset, revinctus est. Scaphas enim de singulis trabibus excavatas cum longissimis funibus, interdum etiam ferreis catenis secum legio portabat, quatenus contextis eiusdem – sicut Graeci dicunt – monoxylis, supertextis iniectisque tabulatis, fluminem, quem sine pontibus uadari nequeunt, tam a peditibus, quam a equitatu sine pericolo transentur.

[26]⁸⁸

Deinde Pons alter ligneum scaphis per quem milites in adversam Danubi fluminis ripam se tuto contulerunt; transivimus igitur pontem, dum Sarmizegethusae propinquat; hoc pons XV milibus a Sarmizegethusa distans, impositus torrenti qui in Temes influit.

---

[87] VEGEZIO, *L'arte della guerra*, III, 7; CIACONIO, *Historia*, 46.
[88] CIACONIO, *Historia*, 54; TROYA, *Studii*, pp. 193-194.

Dopo aver individuato un guado, vi disposi due schiere di cavalieri con ottimi destrieri, distanziate fra loro in modo che nel mezzo potessero passare la fanteria ed i bagagli. In questo modo, la schiera a monte frenò l'impeto delle acque, quella a valle soccorse e trasportò coloro che erano stati trascinati dalla corrente. Allestii inoltre uno steccato sull'una e sull'altra riva, per sostenere così senza danni un eventuale assalto dei nemici.
Fu allestito inoltre un ponte in legno sul Danubio accostando le navi della flotta fluviale, al fine di trasferire i soldati sull'altra riva del fiume e – affinché risultasse più solido – venne saldamente assicurato ad entrambe le sponde del corso d'acqua. Infatti gli scafi vennero assicurati l'uno all'altro con l'apposizione di singole travi piallate e legate con lunghissime funi e di quando in quando persino con delle catene di ferro che ogni legione portava con sé, finché le navi, posizionate l'una accanto all'altra alla stregua di (come dicono i Greci) *monoxyla*, vennero coperte gettando su di esse dei tavolati; in tal modo il fiume - che senza un ponte era impensabile oltrepassare – fu traversato senza pericolo sia dalla fanteria che dalla cavalleria.

I soldati si spostarono poi in sicurezza sulla riva opposta del fiume Danubio tramite un altro ponte in legno costruito sulle barche; oltrepassammo dunque questo ponte che ci avvicinò a Sarmizegetusa. Tale ponte dista 15 miglia da Sarmizgetusa, scavalcando un corso d'acqua che si immette nel Temes[89].

---

[89] Il Timiş (o Tamiš) è un corso d'acqua lungo 359 km, che nasce fra i Monti Semenic, nei Carpazi, all'interno del distretto di Caraş-Severin, in Romania. Scorre attraverso la regione del Banato e sfocia nel Danubio vicino a Pančevo, nella Serbia settentrionale.

[27]⁹⁰

Sacerdotes consilio mihi ritu interfunt, ut de sacrificio diis placandis ageretur, antequam cum hoste manu conserantur.

[28]⁹¹

Postquam ergo in Dacos exercitum duximus, nec longe abfuimus ab Tapis ubi barbari castra posuerant, legati Burium et aliorum barbarorum Decebali sociorum vel amicorum eius ad castra Romanorum pervenerunt.
Legatus Burium, tunica ima amictus, caetera nudus, ab asino excussit et fungum ingentem mihi dedit, in quo arioli Germanorum, sicut mos erorum, scribere litteras solebant si hostes religione tenerentur; enim super eum scriptum erat latinis litteris; in ista epistula Buri alii sociique mihi et Senato populoque Romano receptionem legionum petebant et firmam pacem cum Daciis mox colere. Sed ego nihilominus conflixi.

[29]⁹²

Milites securis ingentem arborum truncos in frusta secuerunt, quod facilius commilitones in castra covehere et transportare quirent.

⁹⁰ CIACONIO, *Historia*, 62.
⁹¹ CASSIO DIONE, *Storia Romana*, LXVIII, 8; TROYA, *Studii*, p. 194.
⁹² CIACONIO, *Historia*, 93.

I sacerdoti, dietro mio invito, eseguirono un rito propiziatorio, in modo da placare gli dèi con un sacrificio, prima di venire alle mani con i nemici.

Poco tempo dopo dacché avevamo condotto l'esercito contro i Daci, giungemmo non lontano da Tapae, dove i barbari avevano posto il loro accampamento; qui gli ambasciatori dei Buri e di altri barbari alleati o amici di Decebalo vennero al campo dei Romani.
Un delegato dei Buri, vestito solo di una corta tunica e per il resto nudo, scivolò da un asino e mi consegnò un grande fungo, su cui gli indovini dei Germani, secondo il loro costume, erano soliti scrivere delle lettere. In questa missiva i Buri e gli altri alleati chiedevano a me e al Senato e al popolo romano di ritirare le legioni e di puntare subito ad una salda pace con i Daci. Io, tuttavia, non accolsi minimamente le loro richieste.

I soldati tagliarono con le scuri ed imbragarono un'ingente quantità di tronchi, cosicché i commilitoni potessero prenderli e trasportali all'accampamento.

[30][93]

Milites aliquot expeditos, exploratores in hostiles fines misi, ut de illorum statu cognoscere.

[31][94]

Pons ligneus secundus super fluvium castris proximum, factus est: ad ripas namque illius exercitus consederat, castrametatutus, quo et adaquatio propinquior ac copiosor et annonane in castra vectatio facilior foret.
Via qua a castrorum porta usque at fluvium ducebat, adaquationi gratia, unde hic milites aquam e flumine hauserunt.

[32][95]

Milites in sylva proxima, partim lignam ceciderunt, partim in castra comportaverunt, ut muris et munimentis castrorum reliquis, interserant.

[33][96]

Tertius pons ligneus super fluvium fabrefactus in usum castrorum.

---

[93] CIACONIO, *Historia*, 105.
[94] CIACONIO, *Historia*,106.
[95] CIACONIO, *Historia*,109.
[96] CIACONIO, *Historia*,110.

Inviai alcuni rapidi soldati come esploratori in territorio nemico, affinché mi fosse possibile conoscere la situazione dell'avversario.

Venne costruito un secondo ponte in legno su di un corso d'acqua prossimo all'accampamento; difatti l'esercito si accampò sulle sponde del fiume, trincerandosi e posizionandosi più vicino ad esso, in modo che fosse più facile il rifornimento ed il trasporto di grano nel campo.
La via che conduceva dall'ingresso dell'accampamento sino al fiume fu spianata e da qui i soldati poterono attingere l'acqua dal canale.

I soldati tagliarono del legname nella selva vicina, portandone una parte al campo, al fine di erigere mura perimetrali e altre fortificazioni dell'accampamento stesso.

Fu costruito sul fiume un terzo ponte in legno a beneficio degli accampamenti.

[34][97]

Exercitus quidem ad eum modum quem praediximus, emensa ultra Moesias ad Daciam usque sylva, apud amnem Tibiscum venerat. Paulo post etiam copiae Hadriani Scaurianique intervenerunt. Ibi enim exercitum decreveram ordinare.

[35][98]

Singulas munitiones et castrorum partes circui et contemplavi, ut et milites excitet ad opera sedule et alacriter paraestandas et ut, si quid videat minus tecte dispositum, in melius corrigat. Multi milites autem genuflexi me adoraverunt: non tamen lignum, quo erant onusti, reponerunt; urbanissime id agentes, ne tantisper principe paresente, ab iniuncto sibi munere vacarent.

[36][99]

Exploratum in hostium fines milites missi, Dacis duobus vi captis ad castra reverterunt et coram, manibus post terga eorum revinctis eosdem statuerunt : ut ab illis hostium arcana consilia perquirat et etiam extorqueat.

---

[97] C. CICHORIUS, *Die reliefs der Traianssäule*, II, 108; RUFINO, *Guerra Giudaica*, VI, 1, 1.
[98] CIACONIO, *Historia*, 113.
[99] CIACONIO, *Historia*, 116.

L'esercito, dopo aver attraversato la foresta come abbiamo detto poc'anzi, si trasferì dalle Mesie alla Dacia, arrivando presso il fiume Tibisco[100]; di lì a poco sopraggiunsero anche le truppe di Adriano e di Scauriano. Qui infatti avevo decretato di effettuare il ricongiungimento delle armate.

Feci circondare da trincee ed ispezionai ogni singola fortificazione e le parti dell'accampamento, in modo che i soldati fossero incitati da ciò a lavorare con rapidità ed alacremente e, se si fosse visto qualcuno d'animo poco ben disposto, avrebbe potuto correggersi, migliorando il proprio operato. Molti soldati, in quel frangente, si misero ad adorarmi in ginocchio, non peritandosi tuttavia di posare a terra le fascine di legna di cui erano carichi; in tal modo agirono nel modo più decoroso, non venendo meno ai loro doveri nemmeno alla presenza del principe.

Gli esploratori inviati in territorio nemico fecero ritorno all'accampamento assieme a due Daci catturati con la forza e con le mani legate dietro alla schiena: costoro vennero interrogati per estorcere i piani segreti del nemico.

---

[100] È l'attuale Karansebes, ipotesi seguita anche dal PARIBENI, *Optimum princeps*, p. 249.

[37]¹⁰¹

Daci – sic captivi nobis dixerunt – paene omnes montes regionis nam occupabant cum multis copiis et in sylva se occultabant.
Dum cum L. Sura cohortibusque praetorianorum atque legione XII et septem cohortibus auxiliariorum celeriter contra oppida hostium incessimus.

[38]¹⁰²

Legiones et tres alae equitum adversus ingruentes hostes egressae proficiscuntur. Praetoriani milites fidem erga principem indicis destri elevatione, accuratamque in proelio, Caesaris se solertiam habituros, novo sacramento de more profitentur.

[39]¹⁰³

Postero die apud Tapas pervenimus. Planities erat hic magna, hunc ex omnibus fere partibus sylva difficilis atque impedita cingebat et apud robustissimum oppidum rex Decebalus cum comitibus suis stabant. Daci fiducia loci continebant generatimque distribuiti in civitates cum signis draconum omnia saltus eius planitiei certis custodiis obtinebant, sic animo parati ut si Romani perrumpere conarentur. Indignantes milites legionum quod conspectum suum hostes ferre poent tantulo spatio interiecto et signum proelio exposcentes; tum adlocutionem militibus feci.

---

¹⁰¹ Cichorius, *Die reliefs der Traianssäule*, II,119.
¹⁰² Ciaconio, *Historia*, 122-123.
¹⁰³ Cichorius, *Die reliefs der Traianssäule*, II,119; Cesare, *La Guerra Gallica*, VII, 19.

I Daci infatti – così ci svelarono i prigionieri – occupavano la quasi totalità dei monti della regione e si celavano all'interno dei boschi.

Allora, assieme a Licinio Sura e alle coorti pretoriane, oltre che alla XII legione e a sette coorti ausiliarie, avanzammo rapidamente contro le roccaforti dei nemici.

Le legioni e tre ali di cavalleria avanzarono incontro ai nemici in avvicinamento.

I pretoriani, al fine di rinnovare la loro fedeltà nei confronti del *princeps*, specialmente in vista dello scontro, sollevarono l'indice della mano destra verso di me e pronunziarono una sorta di nuovo giuramento, dimostrando la loro solerzia al Cesare.

Il giorno seguente giungemmo a Tapae. Vi era qui una grande pianura, circondata da quasi tutte le parti da una foresta intricata ed impenetrabile, e presso una possente fortezza si trovavano re Decebalo con i suoi compagni. Fiduciosi del luogo, i Daci si erano colà attestati, schierati per tribù e clan con i vessilli a forma di drago, custodendo tutti gli accessi alla piana, pronti ad assalire i Romani se avessero tentato di penetrarvi. I soldati delle legioni, indignati per il fatto che i nemici potessero reggere la loro vista a così breve distanza, reclamarono il segnale d'attacco. Tenni allora un discorso ai soldati.

[40]¹⁰⁴

"Advenii, o socii inter pericula, iustum pugnandi iam tempu
olim exoptatum mihi vobiscum, quod antehac arcessentes arma
inquieti motibus poscebatis; en commilitones, diu speratus
presto est dies compellens nos omnes elutis pristinis maculis
Romanae maiestatis reddere proprium decus. Hi sunt barbari
quos rabies et immodicus furor ad perniciem rerum suarum
coegit occorrere nostri viribus opprimendos. Exurgamus, viri
fortes, propellemus fortitudine congrua illisa nostris partibus
probra. Quaeso ne hostes vertendos in fugam sequentes avidius
futurae victoriae gloriam violetis neu qui ante necessitatem
ultimam cedat. Nam fugituros procul dubio deseram, hostium
terga caesuris adero indiscretus, si hoc pensatione moderata fiat
et cauta".

[41]¹⁰⁵

Postridie eius diei, presidio castris quod satis esse visum est
reliquivi, alarios omnes in conspectu hostium pro castris
constituivi. Ego quoque triplici instructa acie usque ad castra
Dacorum accessivi. Tum demum Daci suas copias castris
eduxerunt generatimque constituerunt paribus intervallis.

---

¹⁰⁴ AMMIANO MARCELLINO, *Storie*, XVI, 12, 30; il discorso in essere fu pronunciato
da Giuliano l'Apostata.
¹⁰⁵ CESARE, *La Guerra Gallica*, I, 51.

"Compagni fra i pericoli, è arrivato oramai il momento opportuno per combattere, da me e da voi desiderato: prima d'ora voi lo chiedevate, con tumulti scomposti volevate vi i dessero le armi. Ecco, commilitoni miei, è a vostra disposizione il giorno a lungo sperato che spinge tutti noi a riscattare l'onore proprio della maestà di Roma, una volta lavate le antiche macchie. Sono questi i barbari che rabbia e smodato furore hanno spinto verso la loro rovina totale, ed è la nstra forza che li schiaccerà. Leviamoci in piedi, soldati coraggiosi, con valore respingeremo le offese scagliate contro di noi. I nemici che saranno volti in fuga non inseguiteli, ve ne prego, con troppa ira e troppo impeto, facendo così violenza alla gloria conseguita alla vittoria che verrà; nessuno si ritiri prima che si manifesti un'estrema necessità. Chi fuggirà, io di sicuro lo abbandonerò, starò invece sempre accanto senza separarmene a quelli che colpiranno le spalle dei nemici, qualora ciò avvenga con misurata prudenza ed attenzione".

Il giorno seguente lasciai a presidio dell'accampamento le forze che mi parvero adeguate. Io stesso, con l'esercito schierato a battaglia su tre ordini, avanzai verso l'accampamento dei Daci. Finalmente questi ultimi furono costretti ad uscire dal campo e si disposero per tribù, a pari distanza gli uni dagli altri.

[42][106]

Daci confertissima acie reiecto nostro equitatu phalange facta sub primam nostram aciem successerunt.

[43][107]

Ita proelio diu atque acriter pugnatum est. Diutius cum sustinere nostrorum impetus non possent, alteri se ut coeperant in castris receperunt, alteri ad impedimenta se contulerunt.

[44][108]

Tamen multi manipuli Dacorum et Sarmatorum, occultati in proxima sylva, iubente Susago, nobilissimo ac strenuissimo duce regis Decebali, subito se ostenderunt atque iniquissimo nostris loco proelium commettere coeperunt.

[106] CESARE, *La Guerra Gallica*, I, 24.
[107] CESARE, *La Guerra Gallica*, I, 26.
[108] CIACONIO, *Historia*, 105; CESARE, *La Guerra Gallica*, V, 23.

I Daci, dopo aver respinto in formazione serratissima la nostra cavalleria, formata una falange, avanzarono contro la nostra prima linea.

Si combatté a lungo e con accanimento. Non potendo più resistere agli assalti dei nostri, alcuni cominciarono di nuovo a ritirarsi verso gli accampamenti, altri arretrarono in direzione delle retrovie.

Tuttavia parecchi manipoli di Daci e di Sarmati, nascosti in una vicina boscaglia, per ordine di Susago[109], nobilissimo e valorosissimo generale di re Decebalo, apparvero all'improvviso ed iniziarono ad assalire i nostri in una posizione difficilissima.

---

[109] Susago, condottiero sarmata al servizio di Decebalo, è nominato da Plinio il Giovane, *Carteggio con Traiano*, 16; la sua presenza è attestata nella successiva controffensiva invernale di Daci e Sarmati in Mesia e la sua presenza in questa fase della guerra è una nostra – sia pure assai probabile – congettura.

[44][110]

Visi hostes exiliunt et sine parsimonia, quidquid offendi poterai, telorum genere multiplici configebant: nec enim resistere nostrorum quisquam potuti nec aliud vitae subsidium nisi discessu sperare veloci. Ita in quo casu tristi et inopino abundans numerus militum et tribunorum ceciderunt. Ob quae Daci sublatis animis ferocius incedentes secuto die prope munimenta Romana adibente matutina nebula lucem strictis mucronibus discurrebant frendendo minas tumidas intentantes. Sed egressi repente milites alae Gallorum cum obiectu turmarum hostilium repercussi stetissent, omnes suos conspiratis mentibus ciebant ad pugnam. Missi sibi causa communis velut propri veterum exempla, sed discursionibus universos Dacos in fugam coegere. Qui dispersi laxatis ordinibus dunque elabi properant impediti, corpora nudantes intecta gladiorum hastarumque densis ictibus truncabantur. Multique cum equi interfecti iacentes etiamtum eorum dorsis videbantur innexi. Quo viso omnes e castris effusi, qui prodire in proelium cum sociis ambigebant, cavendi immemores proterebant barbaram plebem, nisi quos fuga exemerat morte, calcantes cadaverum strues et perfusi sanie peremptorum.

---

[110] AMMIANO MARCELLINO, *Storie*, XV, 4.

Si videro i nemici balzare fuori e che, senza risparmiare nessuno, trafiggevano con ogni tipo di arma da lancio tutto ciò che poteva essere colpito. Nessuno dei nostri fu in grado di resistere, nessun'altra speranza di sopravvivere c'era se non in una ritirata veloce. Così, in questa dolorosa ed inattesa vicenda, cadde un gran numero di soldati e di tribuni. La conseguenza di ciò fu che i Daci, insuperbiti, si fecero avanti con baldanza maggiore presso le fortificazioni romane il giorno successivo: le nebbie del mattino toglievano la visuale; essi, a spade sguainate, correvano di qua e di là ringhiando e intentando minacce piene di superbia. Ma i soldati di un'ala dei Galli fecero un'irruzione improvvisa: fermi perché respinti dall'ostacolo costituito dalle torme dei cavalieri nemici, esortavano a combattere con volontà unanime tutti i loro commilitoni. Riversandosi sui nemici, non con uno scontro vero e proprio, ma con scaramucce, costrinsero tutti i Daci alla fuga. I barbari si dispersero qua e là, dato che i loro schieramenti si erano allentati; trovandosi impacciati proprio per la fretta con cui cercavano di fuggire, si denudavano delle armi da difesa così da essere massacrati da colpi continui di spade e lance. Uccisi assieme ai loro cavalli, molti giacevano a terra e sembravano ancora cingerne i dorsi. A questa vista si precipitarono fuori dagli accampamenti tutti i Romani rimasti incerti se uscire a battaglia assieme ai loro commilitoni; dimentichi di provvedere alla sicurezza personale, schiacciavano tutta quella folla di barbari, meno quelli che la fuga aveva sottratto alla morte. Calpestavano mucchi di cadaveri, si bagnavano del sangue degli uccisi.

[45][111]

In pugna multo principes Dacorum ceciderunt. Duo regulorum capita, mihi in acie consistenti, a militibus qui ea succiderant perferuntur, gratiam meam ob strenue rem gestam et praemium suscipere sperantibus.

[46][112]

Iupiter Pluvius quoque in proemio subsidio Romanis adversus Dacos supervenit: nam ante congressum ego placavi numen hostium sacrificiis. Cum sol a meridiano versus occiduas partes incipiebat declinare magna pluvia super Dacos cecidit, adversariorum impetere faciem.

[111] CIACONIO, *Historia*, 131.
[112] CIACONIO, *Historia*, 133.

Nello scontro caddero molti principi dei Daci; a me che ero presente sul campo di battaglia furono portate dai soldati che le avevano mozzate due teste di altrettanti regoli, con la speranza di venire ricompensati con un premio per la valorosa impresa compiuta.

Anche Giove Pluvio sopraggiunse in aiuto dei Romani durante lo scontro: infatti, prima del cimento, avevo propiziato il nume con sacrifici di vittime. Quando il sole iniziò a declinare da mezzogiorno verso occidente, un'abbondante pioggia si riversò sui Daci, impedendo loro di vedere con chiarezza gli avversari[113].

---

[113] È nota la devozione di Traiano verso Giove; Ciaconio, ritenendo si trattasse non di Giove Pluvio ma di Giove Ottimo Massimo nella sua veste di signore degli dèi, ne deduce che i Daci risultassero accecati dai raggi solari, asserendo: "I Daci furono costretti a serrare i propri occhi, quasi accecati, mentre i Romani, con la luce alle spalle, afferrarono la felice occasione di conseguire il beneficio della vittoria. Difatti il sole si era ormai posto davanti ai volti degli avversari, impedendo loro di vedere in modo ottimale"; un'analisi attenta dei rilievi mostra però l'effettiva presenza di pioggia, con tanto di fulmini. L'episodio ne ricorda con prepotenza un altro molto simile, raffigurato sulla Colonna di Marc'Aurelio e citato anche da CASSIO DIONE, *Storia Romana*, LXXII, 8-9, riferito alle guerre contro Quadi e Marcomanni di questo imperatore: "Mentre i Romani erano in pericolo durante la battaglia, il potere divino li salvò in modo del tutto inaspettato. I Quadi li avevano circondati in un luogo favorevole per loro e i Romani combattevano animosamente con gli scudi legati l'uno all'altro; allora i barbari sospesero la battaglia, pensando di prenderli facilmente per il caldo e la sete. Quindi, avendo chiuso i passaggi tutto intorno, li circondarono in modo che non potessero prendere acqua da nessuna parte; i barbari infatti erano molto superiori di numero. I Romani dunque erano in una situazione disastrosa per il caldo e le ferite, per il sole e la sete e così non potevano né combattere né ritirarsi, ma stavano schierati e ai loro posti, bruciati dal sole, quando improvvisamente si raccolsero molte nuvole e cadde una pioggia abbondante non senza interposizione divina. E vi è infatti una storia secondo la quale un certo Arnufis, un mago egiziano che accompagnava Marco Aurelio, avrebbe invocato alcuni demoni e in particolare Ermes, dio dell'aria, con degli incantesimi e in questo modo avrebbe attirato la pioggia"; si vedano a tal proposito J. GUEY, *Le date de la pluie miraculeuse et la colonne Aurelienne*, "Mélanges de l'Ecole Francaise de Rome", 60, Paris 1948, pp. 105-127; 61, 1949, pp. 93-118; S. PEREA YÉBENES, *La*

[47][114]

Proelium atrox a Romanis militibus cum Dacis consertum est; ubi diutius pugnatum strenue se hostibus tuentibus et dimicantibus tandem equitatu Quieti, opportune subsidium ferente, victoria parta sed cruenta, ingenti strage edita in Dacos, multisque ex eis captivis abductis.

[48][115]

In pugna graviter vulnerato, adulescens princeps Dacorum occubuit. Cuius cadaver ex acie raptus a suis antea in castra, postea in tutum aliquem locum, rogo, iuxta propriae gentis ritum, tradendum, maximo cum moerore deducitur.
Ego, qui simul cum Claudio Liviano praefecto huic certamine interfui, hostibus superatis et ad internecionem caesis, castra illorum invasi, occupata, praecipie diripi et a nostris militibus succendi.
In ea pugna ceciderunt …†

---

legion XII y el prodigio de la lluvia en época del emperador Marco Aurelio, Signifer Libros, Madrid 2002; M. SORDI, *Le monete di Marco Aurelio con Mercurio e la «pioggia miracolosa»*, in EAD., *Scritti di Storia romana*, Vita e Pensiero, Milano 2002, pp. 55–70.
[114] CIACONIO, *Historia*, 132.
[115] CIACONIO, *Historia*, 135-136.

Una battaglia atroce fu ingaggiata dai soldati romani contro i Daci: si combatté a lungo e strenuamente, finché la cavalleria di Quieto[116], portando l'opportuno soccorso, fece conseguire una vittoria netta ma sanguinosa, seminando una vasta strage fra i Daci e facendo prigionieri molti di essi.

Gravemente ferito nel corso dello contro, un giovane principe dei Daci morì[117]. Il suo corpo, portato via dai propri uomini, fu portato dapprima nell'accampamento, poi in un altro luogo sicuro, dove venne condotto al rogo funebre, secondo il rituale della sua nazione, accompagnato dal più grande cordoglio.
Io, che assieme al prefetto Claudio Liviano ero presente in mezzo al combattimento, dopo aver sconfitto i nemici ed averne abbattuti un gran numero, invasi il loro accampamento, lo occupai e ne distrussi una gran parte, facendolo poi saccheggiare dai nostri soldati.
Nel corso di questa battaglia caddero…†[118]

---

[116] Lusio Quieto, generale romano, nacque in Mauretania nel 70 d.C., principe di una tribù non sottomessa a Roma. Servì fra gli ausiliari dell'esercito imperiale e divenne prefetto di un corpo di cavalleria maura, ma venne poi destituito dal sospettoso Domiziano. Reintegrato nell'esercito da Traiano, lo seguì nelle campagne di Dacia (101-106 d.C.) e in quelle partiche (113-114 d.C.). Si distinse per aver riconquistato Nisibi e saccheggiato Edessa, capitale dell'Osroene. Nel 117 divenne console e governatore di Siria e Palestina, reprimendo la rivolta dei Giudei. Nel 118, tuttavia, fu accusato di aver ordito una congiura contro il nuovo Imperatore Adriano e condannato a morte.

[117] Non abbiamo idea di quale fosse la sua precisa identità, anche se dallo spazio riservatogli nella narrazione della Colonna (e di conseguenza in quella originaria dei *Dacica* traianei) poteva trattarsi di un parente di Decebalo.

[118] Difficile e azzardato fare congetture sul numero preciso delle vittime da ambo le parti e sui relativi prigionieri, anche se dovette essere piuttosto consistente.

[49][119]

Daci, qui ex pugna superfuerant, fuga sibi consulentes in sylvas et loca tuta se transtulerunt.

[50][120]

Ego, per speculatores cognita insidia veritus, quod qua de causa discenderent nondum perspexi, exercitum equitatumque castris continui. Prima luce confirmata re ab exploratoribus omnem equitatum Maurorum qui novissimum agmen moraretur, praemisit eique L. Quietum legatum praefici.
Quietus et Mauri novissimos adorti et multa milia passuum prosecuti magnam moltitudinem eorum fugientium conciderunt, cum ab estremo agmine ad quos ventum erat consiteret fortiterque impetum nostrorum militum sustineret, priores quod avesse a periculo viderentur neque ulla necessitate neque imperio continerentur, esaudito clamore perturbatis ordinibus omnes in fuga sibi praesidium poneret. Ita, sine ullo periculo tantam eorum multitudinem nostri interfecerunt, quantum fuit diei spatium, sub occasumque solis sequi desisterunt seque in castra, ut erat imperatum, receperunt.

---

[119] CIACONIO, *Historia*, 138.
[120] CESARE, *La Guerra Gallica*, II, 11.

I Daci sopravvissuti allo scontro, datisi alla fuga, si spostarono nel folto dei boschi ed in luoghi protetti.

Immediatamente informato dagli osservatori, temendo un tranello, perché non avevo ancora compreso quale fosse il motivo della loro partenza, trattenni negli accampamenti l'esercito e la cavalleria. Quando, all'alba, le squadre degli esploratori ebbero confermato quanto accaduto, mandai avanti tutta la cavalleria dei Mauri, guidata dal legato Lusio Quieto, per ostacolare la marcia della retroguardia.
Quieto e i Mauri assalirono la coda della colonna, senza perdere il contatto per molte miglia, uccidendo un gran numero di nemici in fuga. Mentre la retroguardia, che era stata raggiunta, si fermava ad affrontare con coraggio l'assalto dei nostri soldati, coloro che si trovavano alla testa della colonna, credendosi fuori pericolo, non trattenuti né dalla necessità né dalla disciplina, non appena udirono il clamore del combattimento, ruppero i ranghi e cercarono di mettersi in salvo con la fuga. Così, senza correre nessun pericolo, i nostri soldati ne uccisero tanti quanti gliene permise la durata del giorno; al tramonto del sole abbandonarono l'inseguimento e, in base agli ordini ricevuti, fecero ritorno all'accampamento.

[51][121]

Rursus dimisi magno coacto equitum numero ad vexandos hostes. Omnes vici atque omnia aedificia quae quisque conspexerant incendebatur, pecora interficiebantur, preda ex omnibus locis agebatur. Sed copiae Dacorum latebris aut sylvis aut saltibus se eriperet et noctu occultatae alias regiones partesque peterent.

[52][122]

In oppido Dacorum erat etiam nobilissima mulier, soror regis Decebali, qua a Laberio Maximo, post celerem expugnationem, cum ancillis suis captiva facta est. Laberius duxit eam apud castra ed ego matronam transtuli in Moesia provincia ultra Danubium cum ingente turma equitatum.

[53][123]

Post pugnam, infulae defecerunt et meas vestes quoque libenter militibus sauciis violentia impetuque Dacorum divisitus vulnera ligarent. Aram postquam aedificavi mortibus et sacrificia officiandi institui.

[121] CESARE, *La Guerra Gallica*, VI, 43.
[122] CASSIO DIONE, *Storia Romana*, LXVIII, 9.
[123] CASSIO DIONE, *Storia Romana*, LXVIII, 8.

Dopo aver radunato un forte contingente di cavalieri, li spedii in ogni direzione; tutti i i villaggi e tutti i casali che venivano avvistati erano dati alle fiamme, il bestiame veniva massacrato e ovunque si faceva razzia. Ma le milizie dei Daci sfuggivano per anfratti, boschi e alture e, col favore della notte, si spostavano in zone e regioni diverse.

All'interno di una fortezza si trovava anche una donna nobilissima, la sorella di re Decebalo, che venne fatta prigioniera da Laberio Massimo dopo una veloce espugnazione, assieme alle sue ancelle. Laberio la condusse all'accampamento ed io la trasferii nella provincia di Mesia, al di là del Danubio, assieme ad un grosso squadrone di cavalleria.

Dopo la battaglia vennero a mancare i bendaggi e perciò lacerai volontariamente anche le mie vesti purché fossero fasciati i soldati feriti dalla violenza e dall'impeto dei Daci[124]. Eressi poi un altare in onore dei morti nello scontro e stabilii dei sacrifici da officiare in loro memoria.

---

[124] CASSIO DIONE, *Storia Romana*, 68, 8, ricorda in questi termini l'episodio: "Non per questo, però, [Traiano] desistette dall'ingaggiare uno scontro, dove fece a pezzi un gran numero di nemici, ma avendo al tempo stesso il dispiacere di vedere feriti un gran numero dei suoi uomini. Essendo venute a mancare le bende, si racconta che fece tagliare i suoi stessi abiti pur di poterne ricavare qualcuna. Eresse un altare in onore di coloro che erano morti durante la battaglia, e ordinò che per tutti gli anni a venire si rendessero loro delle onoranze funebri".

[54][125]

Romanorum milites, de victoria lietissimi, hostes insequendos rati, ulterior progrediuntur, Tibisco amne, mediam Daciam abluente, tranato.
Legiones igitur fluvium repertis, tranaturi, arma exuti et vestes quoque, superponebant, quod capite fulcientes, tenebant manibus utriusque et ita ad alteram fluminis ripam perveniebant. Signiferi autem, signa traiciebant super humeros.

[55][126]

Post infaustum proelium, Decebalus rex legatos mittit ad Romanos petendae pacis causa. Antesignanus eorum, vir aliquid obscurissimus, corona erat laurea insignitus, ut se pacificos adesse profiterentur et proinde immunes a quibusque militum indurii futuros.
Dum ego inter signa, praetorianos militesque legatos excepi, nihil tamen a mihi impetrarunt praeter recentem bellum et caedem, quam adversus illos status moliebatur, pilum meum sinistra ostentans, indicem belli et furoris: nam Daci iuxta pacis conditiones abnuerent, neque regnum eorum arbitrio SPQR exponerent, re infecta discendunt.

---

[125] CIACONIO, *Historia*, 139-140.
[126] CIACONIO, *Historia*, 141 e 143.

I soldati romani, felicissimi per la vittoria conseguita, inseguirono in fretta i nemici, avanzando ulteriormente, tanto da raggiungere il fiume Tibisco, che scorre nel cuore del territorio della Dacia.

Le legioni, giunte dunque al corso d'acqua, si misero sopra il capo l'attrezzatura, le armi e persino le vesti, tenendole in alto con entrambe le mani, e in tal modo riuscirono a raggiungere l'altra riva del fiume. I vessilliferi, invece, trasportavano le loro insegne sopra le spalle.

Dopo la sfortunata battaglia, re Decebalo inviò ai Romani degli ambasciatori per chiedere la pace. Il loro capo-delegazione, un certo uomo dai natali assai modesti, era cinto da una corona di alloro, affinché potesse avvicinarsi e non subire ingiurie da parte di qualche soldato.

Allora io ricevetti i legati fra le insegne, i pretoriani ed i soldati; tuttavia nulla mi venne rivolto come supplica, come se recente guerra e la conseguente strage, che era imperversata contro di essi, non contasse; mostrai pertanto ad essi la mia lancia stretta nella mano sinistra, indice di guerra e di furore: i Daci infatti respinsero le pur giuste condizioni di pace e rifiutarono di sottoporre il loro regno all'arbitrio del Senato e del popolo romano. Essendosi così guastate le cose, se ne andarono.

[56][127]

Compluribus expugnatis oppidis, ubi intellexi frustra tantum laborem sumi neque hostium fugam captis oppidis reprimi neque iis noceri posse, statui expectandam classem Danuvii cum novis copiis ex Moesia.

[57][128]

Hoc proelio ad Sarmizegethusam nuntiato, Dacorum reliquiae copiae loci domum reverti coeperunt. In hibernia exercitum ego quoque paulo post deduci.

---

[127] CESARE, *La Guerra Gallica*, III, 14.
[128] PARIBENI, *Optimus princeps*, I, p. 253.

Espugnate parecchie fortezze, vedendo che mi stavo sobbarcando una fatica inutile perché, una volta prese le città, non si poteva impedire la fuga dei nemici, che in questo modo non subiva alcun danno, decisi di attendere la flotta del Danubio, con le nuove truppe provenienti dalla Mesia.

Quando la notizia di questa battaglia fu annunciata a Sarmizegetusa, le rimanenti truppe daciche presero a ritornare nelle loro terre. Poco dopo ricondussi anch'io l'esercito negli accampamenti invernali.

Liber II Commentariorum de bello Dacico

Libro II dei Commentari sulla Guerra Dacica

[1]¹²⁹

Ea quae secuta est hieme, qui fuit annus Candido et Quadrato consulibus[130], Daci Roxolanique socii eorum, Susago duce, magna cum multitudine hominum flumen Danuvium transierunt non longe a Viminacio oppido. Decebalus enim insidias tramabat et, equitibus delectis, agros oppidaque Moesiae Inferioris vastavit, agricolas occidit e milites provinciae trucidavit.

[2]¹³¹

Hoc ipso tempore catafracti equites Roxolani interveniunt protinusque eodem illo quo venerant cursu in oppido Dimo inrumpere conantur cum Dacorum militibus ausilio. Inopinantes nostri re nova perturbantur, ac vix primum impetum cohors in statione sustinet. Circumfunduntur hostes ex reliquis partibus, siquem aditum reperire possint. Aegre portas nostri tuentur. Barbari perrumpere nituntur seque ipsi adhortantur, ne tantam predam ex manibu dimittant.

---

[129] CESARE, *La Guerra Gallica*, IV, 1.
[130] CASSIODORO, *Cronache*, a. 102.
[131] CESARE, *La Guerra Gallica*, VI, 37.

L'inverno seguente, durante l'anno in cui furono consoli Candido e Quadrato, i Daci e i Rossolani loro alleati, sotto il comando del generale Susago, attraversarono con una gran moltitudine di uomini il fiume Danubio, non lontano dal forte di Viminacium. Decebalo infatti tramava delle insidie e, dopo aver messo assieme un corpo di cavalleria, devastò i campi e le fortezze della Mesia Inferiore[132], uccise i contadini e trucidò gli abitanti della provincia.

In quello stesso periodo sopraggiunse la cavalleria catafratta dei Rossolani che subito, senza interrompere l'andatura della loro cavalcata, tentò un'irruzione alle porte della fortezza di Dimum, supportati dai soldati daci. I nostri, che non se l'aspettavano, rimasero turbati da quell'evento inatteso e a stento la coorte di guardia sostenne il primo assalto. I nemici i sparpagliarono tutt'intorno alla ricerca di una via di accesso; a fatica i nostri riuscirono a difendere le porte. I barbari cercarono quindi di sfondare, incitandosi vicendevolmente a non lasciarsi sfuggire dalle mani una simile preda.

[132] Paribeni, p. 253.

[3][133]

Ac sic nostros contempserunt ut obstructis in speciem portis singulis ordinibus caespitum, quod ea non pose introrumpere videbantur, alii valium manu scindere, alii fossas complere inciperent. Tum centurio L. Aconius Statura omnibus portis eruptione facta celeriter hostes in fugam dat, sic uti omnino pugnandi causa resisteret nemo, magnumque ex iis numerum occidit atque omnes armis exuit.

[4][134]

Hoc audito proelio ego neque iam mihi Dacorum legatos audiendos neque condiciones adcipiendas arbitrabar ab iis qui per dolum atque insidias petita pace ultro bellum intulissent.

[5][135]

Celeriter iter cum cohortibus praetorianis atque IV Adiutrice et IV Flavia legionibus in ea loca facere coepi, quibus in locis esse Dacos audivi cum, in Danuvio navigavi usque Drobetam et progressus sum inde ad Novas oppidum, ubi magnus exercitus hostium morabat, obsidione intentus.

---

[133] CESARE, *La Guerra Gallica*, V, 51.
[134] CESARE, *La Guerra Gallica*, IV, 13.
[135] CESARE, *La Guerra Gallica*, IV, 7.

Il loro disprezzo nei confronti dei nostri giunse al punto che, credendo di non poter fare irruzione dalle porte, che erano state bloccate solo in apparenza con un'unica fila di zolle, alcuni si diedero ad abbattere il vallo con le mani, altri a riempire il fossato. Allora il centurione Lucio Aconio Statura[136], compiuta una sortita da tutte le porte, mise in fuga il nemico, al punto che nessuno riuscì neppure a fermarsi per combattere, infliggendogli gravissime perdite e costringendo tutti a deporre le armi.

Dopo aver avuto notizia di questo scontro ritenni di non dover dare più udienza agli ambasciatori dei Daci, né di dover accettare condizioni da chi, dopo aver richiesto la pace, aveva proditoriamente aperto le ostilità.

Mi misi rapidamente in marcia con le coorti pretoriane nonché con la IV legione Adiutrix e la IV Flavia verso quelle regioni in cui avevo saputo che si trovavano i Daci; navigai lungo il Danubio fino a Drobeta e avanzai poi fino alla piazzaforte di Novae, dove si era accampato il grande esercito del nemico, intento nell'assedio.

---

[136] Faceva parte della VII legione Claudia e fu decorato numerose volte da Traiano: CIL XI, 5992; per la sua carriera cfr. PARIBENI, *Optimum princeps*, I, n. 37, pp. 227-228.

[6][137]

Decebalus rex Dacorum enim, reliquiis exercitus collectis, recentibusque copiis auctis et Sarmatico equitatu adiuncto, munitissimam urbem Oescum obsidione cinxit, in potestatem suam venire posse sperans, cum praesertim copia esset annonae destituta. Ad muros saepe pugnatum; Daci sagittis Romanos sauciabant, Romani Dacos saxis et missilibus pleroque interimebant: et ira obsidio per aliquod tempus protracta fuit, Romanis militibus acriter se tuentibus.

[7][138]

Ariete Daci urbis obsesse muros passim concutiiunt: interim sagittarii, in eos qui urbem tuebantur, sagittas intorquent, ne propius audeant ad muros accedere.

[137] CIACONIO, *Historia*, 148.
[138] CIACONIO, *Historia*, 150.

Decebalo re dei Daci infatti, dopo aver radunato i resti del precedente esercito ed averli rimpolpati con nuove truppe e con l'aggiunta della cavalleria dei Sarmati, cinse d'assedio la fortificatissima città di Oescum, sperando di poterla ridurre in suo potere, soprattutto in virtù del fatto che essa era sprovvista di scorte di grano. Si combatté spesso alle mura: i Daci tempestavano i Romani con le frecce, mentre i Romani colpivano i Daci scagliando pietre e numerosi oggetti da lancio; un rabbioso assedio si protrasse perciò a lungo, con i soldati romani che si difendevano aspramente.

Nel corso dell'assedio della città i Daci squassarono le mura in vari punti; nel frattempo gli arcieri scagliavano i loro dardi contro i difensori, affinché non potessero restare troppo vicini agli spalti.

[8]¹³⁹

Interea obsessis opportune auxilio adsum: annonamque feci inferri, fame iamiam laborantibus, navigia frumento onusta quod saccis erat illigatum, per flumen Danuvium transmittens. Igitur ego per fluminem liburnicis vectus, noctu urbem obsessam ingreditur, obviam mihi factis primoribus ducibus, militibus et imaginariis cum cereis accensis super signa impositis, quae lauro erant ornata, quod virtute et constantia, adversus quosqumque hostium impetus, urbem commendatam validissime essent tutari.

Quo laestus suscipiens commendavi, bonoque animo iussi: subsidio militum et commeatu copioso illis relicto. Quibus post aliquot dies dimissis, iterum paravi, ut novas Dacorum Sarmaturmque copias, qua se exercitui Decebali congiungere volebant, adortus, ante opprimere, quam utriusque exercitus vires essent collectae. Serta autem nautae et remiges fecerunt, ut se laetos coronaverunt.

---

[139] CIACONIO, *Historia*, 151-152.

Frattanto sopraggiunsi opportunamente in soccorso degli assediati: feci giungere anche le granaglie, racchiuse in sacchi legati – già infatti la fame stava stremando i nostri – a bordo di navi da carico, trasportandole lungo il fiume Danubio.

Condotto dunque da delle liburne lungo il fiume, feci il mio ingresso in città nottetempo, al che mi vennero incontro i comandanti supremi, i soldati e i portatori di insegne, recando fiaccole accese e poste sopra i vessilli, che erano ornati di alloro, in segno del valore e della costanza con cui avevano affrontato l'assalto di qualsivoglia nemico, difendendo validissimamente la città. Dopo averli accolti con animo con gioia, ordinai loro di restare di buon'animo, lasciando truppe di rinforzo e una grande abbondanza di viveri. Congedatomi da costoro dopo qualche (†) giorno[140], mi preparai ad imbarcarmi di nuovo sulle liburne, con lo scopo di annientare dei nuovi contingenti di Daci e Sarmati che volevano congiungersi all'esercito principale di Decebalo, e per farlo prima che gli uomini di entrambe le armate nemiche si fossero riuniti. I marinai ed i rematori, peraltro, fabbricarono dei serti (di alloro) con cui si cinsero il capo di una sorta di corone.

---

[140] Impossibile specificare quanti.

[9]¹⁴¹

Celeri navigatione usus, urbem Novas ad ripam Danuvi fluminis a Romanis militibus occupatam novo presidio munit, arma et annonam inferri feci: ne aut inopia militum vel armorum aut rei frumentariae, oppidum in hostium potestatem veniret.

Deinde copias ex hac urbe in agros hostiles eduxi, equitatum et peditatum in acies et turmas distribui sine signi tamen processi quia repentinus hostes opprimere tacitusque progredi volui.

[10]¹⁴²

Multos Dacos transfugas cum duce eorum, qui Decebali proterviam non diutius sustinere volebant, et alios barbaros familiasque eorum in amicitiam suscepi et nostros milites in ea profectione comintantur, proelio interfunt, paene nudi tamen et inermes praeter clavas, quibus durissimis ictibus adversarios feriebant.

Eques exercitum praecessi, certiorque per exploratores factus de hostium statione, noctu iter arrepto er summa celeritate usus, ante lucis ortum somno correptos et nihil tale metuentes, incautos opprimit.

Sarmatici equites sagittarii, Romani exercitus virtute formidantes, repentino terrore et incursu patefacti, aufugiunt, pauci illorum pugnantibus, pluribus cadentibus.

---

141 CIACONIO, *Historia*, 157-158.
142 CIACONIO, *Historia*, 159, 160, 161.

Dopo una rapida navigazione munii la città di Novae, situata sulla riva del fiume Danubio ed occupata dai soldati romani, fornendola di un nuovo presidio e facendo portare in essa armi e vettovaglie, cosicché la piazzaforte non cadesse in potere dei nemici per scarsità di guarnigione o di scorte di grano.

In seguito condussi le truppe da questa stessa città verso la campagna in mano al nemico, disponendo la cavalleria in squadroni e la fanteria in ordine di battaglia; procedetti tuttavia senza innalzare le insegne, poiché era mia intenzione piombare sui nemici più rapidamente ed inaspettatamente possibile.

Accolsi amichevolmente come alleati molti Daci[143] disertori assieme al loro comandante, persone che non volevano sostenere più a lungo la protervia di Decebalo, unitamente ad altri barbari con le proprie famiglie; costoro, in quell'occasione, combatterono dalla parte dei nostri soldati, tuttavia quasi nudi e disarmati, fatta eccezione per delle clave, con cui infliggevano al nemico durissimi colpi.

Facendo precedere la cavalleria all'esercito e reso più certo, tramite gli esploratori, di come i nemici fossero ancora immobili, ordinai una rapida avanzata notturna e sbaragliai quegli incauti mentre erano ancora addormentati e non si aspettavano nulla del genere, prima che il sole sorgesse.

Gli arcieri a cavallo sarmati, terrorizzati dal valore dell'esercito romano, preda di un repentino terrore e sorpresi dall'attacco, si diedero alla fuga, pochi di questi combattendo, per la maggior parte cadendo uccisi.

---

[143] Secondo CIACONIO, *Historia*, 159, si tratterebbe di *foederati* Germani; più probabilmente – ed è questa la lettura che abbiamo seguito – ha visto maggiormente nel giusto PARIBENI, *Optimus princeps*, p. 256, secondo cui si tratterebbe di alcune tribù daciche della Valacchia, poco legate a Decebalo e ai suoi indomiti montanari transilvani, che preferirono passare dalla parte di Traiano al solo apparire del suo esercito, portandosi appresso un codazzo di civili, tra cui donne, vecchi e bambini (scene XXIX e XXX della Colonna Traiana).

[11]¹⁴⁴

Sub matutinum crepusculum fuit cum hoste conflictus in quo multi pedites Daci equitesque Sarmatae ceciderunt: quorum occasu, victoria parta. In ea pugna MMMDCCC milites romanorum ceciderunt; VIM Dacorum occisi aut capti sunt.

Currus hostium, annona, signis, vasis, clypeis et gladiis onusti in potestatem militis notris venerunt. Multos Romamanos captivos in miserrima conditione liberavimus: rotae nam currus unius, miles aliquis Romanus captivus alligatus, multisque crociatibus a barbaris conspicitur. Qui tamen ob saevitiam et immanitatem, quam in captivos exercebant, poenas merito, ingenti clade suscepta, luerunt.

Post cladem spectaculum miseratione dignum fuit : parentes senio confecti, infantes filios super humeros gestant. Matres cara ibidem pignora complexae, imminentes Romanos milites fugiunt et in sylvas, saltus locaque munitiora se recipiunt, propriae salutis consulentes.

---

¹⁴⁴ Ciaconio, *Historia*, 162, 163, 164, 165.

Dopo la disfatta si verificò uno spettacolo degno di commiserazione: i genitori, pur gravati dalla vecchiaia, si caricarono i figli infanti sulle spalle, e anche le madri, curvate dal peso dei loro beni, fuggirono per l'imminente arrivo dei soldati romani, rifugiandosi nelle selve, fra le balze e in luoghi più fortificati, pensierosi della propria salvezza.

Alla luce dell'aurora vi fu con il nemico un combattimento in cui caddero molti fanti daci e cavalieri sarmati: dopo la loro disfatta conseguimmo la vittoria. In questo scontro violentissimo caddero 3.800 soldati romani, mentre fra i Daci 6.000 furono gli uccisi ed i prigionieri.[145].

Vennero in potere dei nostri i carriaggi degli avversari, le granaglie, le insegne, le suppellettili, gli scudi e spade pesanti. Liberammo molti prigionieri romani ridotti in condizioni davvero miserevoli: un soldato romano era infatti stato legato alla ruota [di un carro], e molti ne vedemmo torturati dai nemici. Questi ultimi subirono tuttavia la grande strage che era piombata su di essi come giusto castigo per la crudeltà e la grande inumanità che avevano rivolto contro i loro prigionieri.

---

[145] La cifra dei caduti romani è desunta dalle iscrizioni traianee di Adamklisi, mentre quella riferita ai Daci è puramente congetturale, basata sul fatto che, stando agli autori romani (AULO GELLIO, *Notti Attiche*, V, 6, 21; VALERIO MASSIMO, *Fatti e detti memorabili*, II, 8, 1) vi era bisogno di un conteggio minimo di 5.000 caduti nemici per celebrare un trionfo; cfr. anche V.M. HOPE, *Trophies and Tombstones: commemorating the Roman Soldier*, "World Archaeology", 35/1, 2003, pp. 79-97.

[12][146]

Daci aliquot mihi se dedentes, salutem et clementia a SPQR consequuntur, licet, illis sed exprobare ingratitudinem, inconstantiam et dubiam fidem.

Milites Romani non pauci, a Dacis in pugna, quae satis cruenta fuit, sauciati, ad locum ubi signa consistebant, ut tutiorem reducuntur: quo illorum vulnera a chirurgis exercitus curarentur, ut fit. Et cum vulneribus ligamenta deessent, pietate mihi vesti non peperci, quam in lacinias conscissam, sauciatis partitus est qua illorum vulnera obligarentur: caesisque in proelio aras statui, quibus annis parentari iussi.

Novorum castrorum munitio facta est.

Daci captivi e pugna abducti manibus post terga eorum revinctis, sauci sub signa, securitatis ergo, a militibus perferuntur.

[13][147]

†, dux Dacorum, Romanis militibus se dedens, dexteram dextera apprehendit in fidei signum.

Profligato Dacorum exercitu insignique victori parta, paucis hostium e certamine superstitibus. Pro suggesto Romanorum militum virtutem laudavi illorum strenue navatam operam commendavi, gratiasque egi, quod illorum opera insigne fuerit victoriam confectus.

[146] CIACONIO, *Historia*, 167, 168, 169, 170.
[147] CIACONIO, *Historia*, 172, 173.

Alcuni Daci mi si consegnarono, sperando fosse loro concessa dal Senato e dal popolo romano salvezza e clemenza, ma a costoro fu rinfacciata la propria ingratitudine, incostanza e malafede.

Venne portata a termine la fortificazione di un nuovo accampamento.

I prigionieri Daci vennero condotti via dal campo di battaglia con le mani legate dietro le loro schiene, per essere radunati sotto le insegne, ovvero in una postazione sicura.

Non pochi soldati romani, feriti dai Daci nel corso del combattimento – che era stato piuttosto cruento – si ritirarono presso il luogo ove erano state piantate le insegne, dato che era più sicuro e dove avrebbero potuto far curare le loro ferite dai chirurghi, come in effetti accadde; e dato che vennero a mancare le bende per le ferite, per compassione non risparmiai la mia veste: dopo averne strappato delle strisce, le distribuii ai feriti, affinché potessero fasciarvi le loro piaghe. Stabilii poi di innalzare un altare per i caduti, che ordinai fosse apprestato nel giro di un anno.

† un comandante dei Daci[148] si consegnò ai soldati romani, stringendo loro la mano destra con la propria, in segno di resa.

Una volta sgominato l'esercito dei Daci ed ottenuta un'insigne vittoria, pochi nemici erano sopravvissuti allo scontro. Al fine di dare il giusto riconoscimento, lodai il valore dei soldati romani e ringraziai le loro azioni sul campo, condotte strenuamente, rendendo grazie poiché per la loro insigne impresa era stata ottenuta la vittoria.

---

[148] Impossibile identificarlo.

[14][149]

In unum congregatos meos dixi: "Commilitones, hortari quidem ad ea quae periculum non afferunt, aperte et ipsis qui rogantur, et qui eos rogant, ignaviae reprehensionem parit. exhortatione autem opus est in solis rebus ambiguis: quippe illa per se quenque gerere dignum est".

[15][150]

Primores Daci in bello capti, intra castrum munitum, sub fida praetorianorum custodia in triumphum Romam perducendi asservantur.

[16][151]

Milites in commilitonibus amplexi et oscula ruerunt, vel quod mortos in acie crediderunt supertitesque insperato videant, vel quod ex captivitate hostili, postliminio fuerint riversi.
In suggesto sedens loco editiori congiarium militibus viritim distribuivi: singulis ob beneficium susceptum et munificentiam. Miles sacco onustus, intra quem congiarium pecuniam suscepit, mihi liberalitate.

[149] RUFINO, *Guerra Giudaica*, VI, 1, 4.
[150] CIACONIO, *Historia*, 174.
[151] CIACONIO, *Historia*, 175, 177, 176.

Radunati insieme i miei uomi, dissi: "Commilitoni, l'esortare ad imprese che non comportano rischi è senz'altro offensivo nei confronti di coloro a cui le esortazioni stesse vengono rivolte e d'altro canto denota la pusillanimità di chi le rivolge. Io credo invece che alle esortazioni si deve ricorrere solamente per le imprese rischiose, poiché le altre ognuno sa compierle di per sé. Ma agli spiriti eroici nulla si addice di più che lottare contro le difficoltà".

I capi dei Daci, catturati nel corso del conflitto, furono condotti all'interno dell'accampamento fortificato, affidati alla fidata custodia dei pretoriani, per essere in un secondo momento condotti in catene a Roma in occasione del trionfo.

I soldati si precipitarono ad abbracciare e a baciare i commilitoni che erano stati creduti morti nel recente scontro, vedendoli fare ritorno ancora vivi in modo insperato, o anche coloro che, dopo essere stati prigionieri del nemico, erano ricomparsi dopo la liberazione.
Sedendo sulla tribuna, nel luogo più elevato, distribuii ai soldati – ad uno ad uno – le ricompense dovute, ricevendo ciascuno un premio e il frutto della munificenza [imperiale].
Un soldato[152] ricevette, fra le sue ricompense, un sacco colmo di denaro, per la mia liberalità.

---

[152] Arbitrario e quasi impossibile identificarlo, fra i molti "premiati" della Guerra dacica ricordati dalle varie iscrizioni.

[17][153]

Tamen, apud hostes, foeminae Dacicae, Manes quorum virorum et natorum, qui in proeliis Romanos occubuerant, vindicta placare volentes, captivos milites Romanos, etiam viventes, facibus saevissime exurunt, manibus eorum post terga revinctis, quos facile a principe suae gentis, ut in eo conceptam rabiem exercerent, impetrarunt.

[18][154]

Germani populoque Romano foederati, commeatum exercitui nostri, quem supplices reverentur, polliciti, onustas frumento naves per Danuvium ducunt, a quibus milites acceptum in castra comportant.

[20][155]

Re frumentaria probe curata, exercitum iterum eduxi ex castris, pugnam cum hoste denuo initurus, qui praeteritis iacturis haud fractus, cornua superbus et insolens erigebat.

[153] CIACONIO, *Historia*, 178.
[154] CIACONIO, *Historia*, 179.
[155] CIACONIO, *Historia*, 180.

Tuttavia, presso i nemici, le donne daciche, volendo placare i Mani dei mariti e dei figli che i Romani avevano ucciso durante lo scontro, bruciarono con grande crudeltà dei prigionieri romani ancora vivi, legando loro le mani dietro la schiena, richiedendo ed ottenendo facilmente dal loro sovrano il permesso di fare ciò, poiché nutrivano nei confronti dei nostri una rabbia smisurata.

Dei Germani alleati del popolo romano, facendo mostra di reverente deferenza, condussero come supplici delle navi lungo il Danubio, cariche di frumento, che fu ricevuto e trasportato dai soldati all'interno degli accampamenti.

Dopo aver adeguatamente provveduto ai rifornimenti di grano, condussi nuovamente l'esercito fuori dall'accampamento per combattere contro i nemici che, sebbene colpiti e danneggiati, sollevavano superbi ed insolenti le loro creste.

[21][156]

Pontem ligneum, magnis cymbis sussultus, a genii factus est per Danuvio amne traiiciendo.
Commeatus, pila, scuta, galeae et armamenta alia, cum reliquis impedimentis bellicis, curribus vecta et ab equis et bobus acta, exercitum proficiscentem sequuntur.

[22][157]

Castra ab hostibus superatis et in fugam vertis, deserta, occupavimus, cum machinis aliquot, quas Daci paraverant; militumque presidio relicto, quod locus esset natura munito, ne ab hoste desertionis penitente iterum occuparetur, ulterius progrediendum ratus, profiscitur.

[23][158]

De pugna denuo cum hostibus conserenda et castris probe muniendis cum primoribus exercitus ducibus deliberavi. Qua re milites praesentibus signis, in concione adloquitur.

---

[156] CIACONIO, *Historia*, 182-183.
[157] CIACONIO, *Historia*, 184.
[158] CIACONIO, *Historia*, 185.

Venne costruito dai genieri un ponte di legno, costituito da grandi navi, al fine di attraversare il fiume Danubio.

Le vettovaglie, i giavellotti, gli scudi, gli elmi ed altro armamento, assieme alle restanti attrezzature belliche, vennero trasportati su dei carri trainati da cavalli e da buoi, seguendo l'esercito intento ad avanzare.

Occupammo un campo che i nemici, sconfitti e volti in fuga, avevano lasciato deserto, con alcune macchine che i Daci vi avevano apprestato; dopo avervi lasciato a presidio alcuni soldati – dato che il luogo era per natura in una posizione fortificata e onde evitare che fosse nuovamente occupato dai nemici, pentitisi di averlo abbandonato – procedemmo oltre senza indugio con l'esercito.

Deliberai, nel corso di una riunione con i capi dell'esercito, sul modo di ingaggiare nuovamente battaglia con i nemici e sul modo di fortificare più adeguatamente l'accampamento. Indirizzai un discorso alle truppe, radunate presso le insegne.

[26][159]

"O Romani, pulchrum est namque in principio sermonis admonere vos generis vestri, ut qui cum quibus pugnaturi simus sciatis: nostras enim manus nemo unquam toto orbe hostis ullus evasit: Daci vero, ut etiam pro his dicamus aliquid, ad hoc usque tempus victi non defatigantur: itaque oportet illis in adversis rebus constanter dimicantibus, etiam nos in secundis perseverantius laborare: aperta quidem fronte vobis plurimum alacritatis inesse conspiciens, gaudeo: vereor autem, ne cui vestrum tanta timorem multitudo hostium latenter incutiat. Igitur quisque iterum cogitet, qualis cum quibus de certabit: quodque Daci, licet satis sint audaces, mortemque contemnant, incompositi tamen bellorumque imperiti sunt, vulgus recte potius quam exercitus appellandi. De vestra vero peritia atque ordinatione referre quid opus est? Nempe id circo soli armis exercemur, pacis etiam tempore, ut ne in bello nos cum hostibus numero conferamus. nam quod per petuae militiae commodum, si pares cum rudibus congrediamur? Quin reputate, quod armati cum inermibus, et equites cum peditibus, et ducis tuti consilio cum vagis neque recto rem habentibus decertabitis: quodque nos hae virtutes multo plures efficiant, multum autem vitia de hostium numero de trahant.

---

[159] RUFINO, *Guerra Giudaica*, III, 10, 2.

"Romani, vi chiamo Romani perché è bene che io inizi a parlarvi rammentandovi qual è la vostra patria, cosicché voi teniate a mente chi siete voi e chi sono coloro che ci accingiamo ad affrontare. Finora non c'è stato niente al mondo in grado di sottrarsi alla nostra potenza, eppure i Daci – per parlare anche di loro – fino a questo momento non si danno per vinti, sebbene siano stati sconfitti. Ora, sarebbe una cosa inaudita se, mentre quelli non si demoralizzano nella sconfitta, , fossimo invece presi noi dallo scoraggiamento, che stiamo vincendo. Mi compiaccio dello spettacolo dell'ardore che vi anima così manifestamente, ma non vorrei che in qualcuno la sproporzione numerica in favore dei nemici facesse nascere un segreto motivo di preoccupazione. Questo qualcuno mediti ancora una volta su chi è lui e chi sono gli avversari che affronterà, consideri che i Daci, anche se sono molto coraggiosi e non temono la morte, non possiedono però un addestramento né una grande esperienza di guerra, e meglio si direbbe che formano un'orda, piuttosto che un'esercito. C'è bisogno, viceversa, di parlare della nostra esperienza e della nostra preparazione? Proprio per questo noi siamo gli unici che ci esercitiamo con le armi in tempo di pace, per non doverci poi contare rispetto agli avversari in tempo di guerra. A che cosa servirebbero le continue esercitazioni se poi dovessimo preoccuparci della parità numerica al momento di afrontare un nemico inesperto? Considerate inoltre che vi batterete in condizioni di superiorità, perché voi siete armati alla pesante, quelli invece alla leggera, voi siete a cavallo mentre quelli sono a piedi, voi avete dei generali mentre quelli ne sono provvisti, e che questi vantaggi hanno l'effetto di moltiplicare il nostro numero, così come gli svantaggi dei nemici ne riducono notevolmente le forze.

Nec sola hominum multitudo, quamvis pugnacis simi fuerint, in bello obtinet: sed etiam si vel in paucis sit, fortitudo. Hi enim et ordinari faciles sunt, et sibimet subvenire: numerosae autem copiae plus incommodi ex semetipsis, quam ex hostibus capiunt. Itaque Dacos audacia et ferocitas ac desperatio sive mentis saevitia ducunt, quae rebus secun dis aliquantum valent, minimis vero ofiensionibus extinguuntur; nos autem virtus regit, et morigera voluntas, itemque fortitudo, quae et in prospera fortuna viget, nec ad finem usque inter adversa decipitur. Ad hoc maiores nobis sunt, quam Dacis, causae certaminis. Nam si illi pro libertate ac patria belli pericula sustinent, quid est nobis inclita fama praestantius? Et ne post orbis terrae imperium videamur hostium adversariorum loco Dacos habere? Praeterea considerate, quod ne patiendi quidem alicuius intolerabilis mali metus est, multos enim eosque in proximo adiutores habemus. Rapere autem victoriam possumus: et quos a patre mitti nobis speramus auxilio, convenit antecapere, ut et major sit et socium non habeat virtutis effectus. Quo pacto autem vos non puduerit, duce vestro periculis occurrente, non superare? Appetam enim pericula mihi credite, primusque in hostes irrumpam. Nemo autem vestrum a me discesserit, persuasum habens, impetum meum sustentari ope divina; et manifestissime praesumite, quod multo plus mixti hostibus efficiemus".
Postquam haec prosecutus sum, divina quaedam alacritas militibus incidit.

Le guerre non si vincono con le grandi masse di uomini, seppur bellicose, ma con il valore, anche di pochi. Questi ultimi possono infatti manovrare agilmente e sostenersi a vicenda, mentre gli eserciti sproporzionati si procurano da soli più danni di quanti non ne subiscano daii nemici. I Daci sono guidati dal loro ardimento, dal coraggio e dalla disperazione, che sono di sprone quando le cose vanno bene, ma scompaiono di fronte ai più piccoli insuccessi. A noi invece sono di guida il valore, la disciplina e l'eroismo che, anche se tocca il culmine nella prospera fortuna, resiste fino alla fine nelle avversità. Inoltre è in palio per noi una posta più alta di quella dei Daci: se infatti costoro si battono per salvare la libertà e la patria, quale meta più ambita per noi se non la gloria e il non lasciare che la potenza dei Daci appaia emula della nostra, dopo che noi abbiamo soggiogato il mondo? È anche da considerare che per noi non sussiste il timore di subire un danno irreparabile. Infatti sono molti e vicini quelli che potranno venirci in aiuto, ma noi siamo perfettamente in grado di conseguire la vittoria. Quanto a voi, come non dovreste vergognarvi se doveste subire un rovescio nonostante il vostro comandante si sia battuto in prima fila? Ben sapete infatti che questo io farò, e sarò il primo a caricare i nemici. Voi non siate da meno, fiduciosi nell'appoggio che una divinità propizia concederà alla mia audacia, e fin d'ora state certi che riporteremo ben altre vittorie più importanti!".
A queste mie parole un ardore sovrumano si impadronì dei nostri uomini.

[27][160]

Legatos Dacorum in colloquiu admisi, sed indutiis quas vafre postulabant non impetratis, qui tempus meus potius redimere et intercipere curabant, vacui abscendunt. Interim mitiles non otiosi, alii ligna ceciderunt, diviserunt et castris denuo muniendi perduxerunt ; alii calcem, arenam, lapides fabris murariis ministrabant.

[28][161]

Cum Dacis denuo congressurus, deos sacrificio placandos censui: velato capite sacrificavi, vinum patera super aram igne flammantem infundens, ante sacerdotes et tibicines lauro coronati.
Suorvetaurilia in lustratione exercitus deinde iussi.

[29][162]

E suggesto milites adhortatus sum ut fortiter et strenue hostes in proelio iamiam conferendo gerant, neque patiantur tot victorias de Dacis partas, uno solo certamine perire, robore et disciplina militari ipsos praestare, quamque fortunam superiorem esse: proinde facilem victoriam futuram, quae honorem et opes conciliet.

[160] CIACONIO, *Historia*, 186.
[161] CIACONIO, *Historia*, 187-188.
[162] CIACONIO, *Historia*, 189.

Ricevetti in udienza gli ambasciatori dei Daci, ma non avendo accolto le insidiose richieste che scaltramente supplicavano di accettare – dato che erano interessati piuttosto a rubare il mio tempo – furono congedati senza aver nulla ottenuto. Nel frattempo i soldati non se ne rimasero inoperosi, alcuni di essi tagliando legna, dividendola e conducendola all'accampamento per fortificarlo nuovamente, altri consegnando ai carpentieri calce, sabbia e pietre.

Nell'imminenza di scontrarsi nuovamente con i Daci, stabilii di placare gli dèi con un sacrificio: con il capo velato versai del vino contenuto in un recipiente sopra l'altare su cui ardeva il fuoco, davanti ai sacerdoti e ai suonatori incoronati con l'alloro.
Ordinai poi un sacrificio di un maiale, di un ariete e di un toro per purificare l'esercito.

Da una postazione sopraelevata esortati i soldati a comportarsi con forza d'animo e valorosamente nell'imminente scontro con i nemici, quegli stessi Daci che già tante volte avevano sconfitto, in modo da eliminarli in un'unica battaglia, ricorrendo al valore e alla disciplina militare, tanto superiori alla sola fortuna: con ciò avrebbero conseguito una facile vittoria futura, che avrebbe conciliato l'onore e il risultato dei loro sforzi.

[30]¹⁶³

Sylvam densam, ne hostes intra ipsam delitescentes, insidias, inter agenti exercitui parare possent et ut miles viam habereti commodiorem, cunctam succidi iussi. Ubi duorum exploratorum capita, qui comprehensi fuerant, longis hastis affixa, ad aliorum proditorum terrorem publico et edito loco spectanda constituuntur; oppida hostium supra montes quoque combusta sunt.

Eques Tibiscum amnem per pontem ligneum magnis tignis sussultum et intra vada firmatis, traieci, simulque exercitus cunctus. Quem continuo a militibus succendi iussi, ne hostes per eum transitum haberent. Ita nostrum exercitum ad alteram fluminis ripam incolumen traduxi.

[31]¹⁶⁴

Daci non audientes Romanos ponte prohibere, ad montana, draconum propria, signa sequentes confugiunt. Legiones autem interim, illorum in castris munitiones exurunt.

---

[163] CIACONIO, *Historia*, 191.
[164] CIACONIO, *Historia*, 193.

Ordinai di abbattere un'intera folta selva, affinché i nemici non vi avessero agio di allestirvi imboscate e perché l'esercito potesse avanzare con maggiore comodità. Qui furono affisse su due lunghe lance le teste di due esploratori che erano stati catturati, affinché vedendole esposte in un luogo pubblico si diffondesse il terrore fra gli altri traditori; anche le fortezze dei nemici poste sulle alture vennero incendiate [165].

Feci oltrepassare dalla cavalleria – e assieme ad essa dall'intero esercito – il fiume Tibisco tramite un ponte in legno, sostenuto da grandi pali, nei pressi di un guado. Una volta eseguita la traversata, ordinai che il medesimo ponte venisse smontato dai soldati, affinché i nemici non lo utilizzassero a loro volta per oltrepassare il fiume. Condussi così il nostro esercito incolume sulla riva opposta del corso d'acqua[166].

I Daci, non avendo ricevuto l'ordine di proibire ai Romani il passaggio del ponte, si rifugiarono sulle montagne, seguendo le proprie insegne a forma di drago. Nel frattempo i legionari diedero però alle fiamme i loro accampamenti fortificati.

---

[165] Abbiamo riportato quanto nella traduzione italiana di Bartoli e Bellori viene qui giustamente aggiunto al testo latino di Chácon: "e s'incendiano alloggiamenti nimici"; *supra montes* è una nostra congettura derivata dall'osservazione diretta dei rilievi.

[166] Chácon si pose a questo punto un quesito, ovvero se il ponte fosse stato costruito *ex novo* da Traiano oppure fosse stato già eretto dai Daci e poi riutilizzato dai Romani; la domanda è legittima, visto che Decebalo aveva ricevuto, grazie ai trattati con Domiziano, diversi genieri romani al suo servizio, ma personalmente sono del parere che il ponte in questione sia opera dell'esercito traianeo in avanzata.

[32]¹⁶⁷

In loco natura satis munit castrum construximus, ligna militibus quibusdam caedentibus et a sylva proxima comportantibus, quibusdam lapides, aliis in cophinis arenam et calcem fabris murariis ministrantibus, summa in eo opere diligentia et celeritate usus. Causa autem, ne hostes a tergo irruptionem aliquam facere tentarent, commeatum ne in castra comportandum intercipere.

[33]¹⁶⁸

Interea Dacorum regulus aliquis ante castram venit et me supplex adoravit, clementiam imperatoris imploravit se dedens, praesentibus praefectis et tribunis, signa astant praetorianique. Nostri milites circumstabant et a tribuno vero regulus honoris gratia deducitur.

[34]¹⁶⁹

Praetoriani milites et Romani exercitus signa me in acie progredientem comitabantur.
Equitum ala Maurorum, L. Quieto duce, subsidio mihi venientium et hoc in proelio adversus Dacos dimicantium.

---

[167] CIACONIO, *Historia*, 194.
[168] CIACONIO, *Historia*, 195.
[169] CIACONIO, *Historia*, 197-198.

Edificammo un accampamento in una postazione sufficientemente munita dalla natura; alcuni soldati si occuparono di tagliare il legname necessario, altri di pensare alle pietre, altri ancora di trasportare sabbia nelle ceste e di consegnare la calce ai muratori, profondendo in tutto ciò la più alta diligenza e rapidità. Grazie a questo il nemico né tentò una qualche irruzione alle spalle, né di intercettare i convogli di viveri diretti all'accampamento.

Nel frattempo un capo dei Daci[170] venne a me davanti all'accampamento e mi fece mostra di adorazione; implorò la clemenza imperiale e consegnò la propria persona, alla presenza dei prefetti e dei tribuni, delle insegne e dei pretoriani. I nostri soldati erano disposti tutt'intorno e il capo dace fu poi scortato da un tribuno in segno di onore concessogli.

I pretoriani e le insegne dell'esercito romano mi accompagnarono mentre avanzavo in assetto di battaglia.
Un'ala di cavalieri mauri, sotto il comando di Lusio Quieto[171], mi sopraggiunse in soccorso, combattendo anch'essa in questo scontro contro i Daci.

---

[170] Chi era questo *regulus* dace? L'*aliquid* di Chácon rispecchia purtroppo anche la nostra ignoranza al riguardo; si può congetturare fosse un nobile della fazione di Diegis, fratello/rivale di Decebalo, o Diegis stesso, che però forse aveva già raggiunto i Romani da tempo, all'epoca.

[171] Chácon aveva, per la verità con molta esitazione, identificato quest'ala di cavalleria con i Germani, affrettandosi però ad aggiungere "o qualche altro popolo federato", scelta peraltro seguita da Pietro Bellori nella sua traduzione italiana. È ormai dato per assodato dagli studiosi contemporanei trattarsi invece di cavalleria maura, guidata proprio dal celebre Lusio Quieto da noi già menzionato.

[35]¹⁷²

Peditatus Romanorum et auxiliariorum equitatus, copias Dacorum pugnantes, delent, paucis qui se certamine subduxerant et ad tutiora loca confugerant cum signis aliquot draconum, servatis.

[36]¹⁷³

Cum exercitu ulterius progresso nova castra metatur, ligna, lapides, arenam, calcem militibus frabris muraris ministrantibus.
Legati Dacorum supplices ad me venerunt, pacis contidione postulaturi, indulgenter suscepti: re tamen infecta discendunt.

[37]¹⁷⁴

Victoriam de Dacis hoc certamine consecutus, nova castra hosti viciniora munire censui. Principem Dacorum in eam in vinculis mihi perductus est.

¹⁷² CIACONIO, *Historia*, 199.
¹⁷³ CIACONIO, *Historia*, 200-201.
¹⁷⁴ CIACONIO, *Historia*, 208, 210.

La fanteria romana, assieme alla cavalleria ausiliaria, combatterono contro le truppe daciche fino alla loro distruzione, fatta eccezione per un gruppo sparuto che si ritirò dal campo di battaglia e trovò rifugio in luoghi più sicuri, con un certo numero di vessilli dalla foggia di drago, che furono a loro volta messi in salvo.

Avanzato ulteriormente assieme all'esercito, furono allestiti nuovi accampamenti, mentre i soldati procuravano ai carpentieri legname, pietre, sabbia e calce.
Degli ambasciatori dei Daci vennero supplici alla mia presenza, implorando delle condizioni di pace e vennero accolti amichevolmente; si ritirarono tuttavia senza aver concluso nulla.

Dopo aver conseguito una vittoria sui Daci in questo scontro, stabilii di porre un nuovo accampamento ancora più vicino al territorio nemico: in esso mi venne condotto un principe dacico avvinto in catene[175].

---

[175] È questa, giustamente, la lettura che dà della scena Bellori, indicando un "prigione de' principali Daci condotto avanti Traiano"; fraintendendo la situazione, forse per un'analisi frettolosa, Chácon aveva interpretato l'immagine come l'arrivo di un principe dace o germano, che era stato ricevuto in amicizia e fatto oggetto di garanzie di pace da parte di Traiano, cosa che evidentemente non si evince dalla Colonna.

[38]¹⁷⁶

Militibus Romanis e castris lignatum prodeuntibus, Daci in sylvis abditi insidias moliuntur. Cuius rei certior factus alam militum levis armaturae, sagittariorum, funditorum et ferentariorum comodo loco disposui. Irrumpentes autem ex insidiis Dacos, ala militum expeditorum excepit cunctoque ferme trucidavit; insidias insidiis compensans, necemque quam in alios meditabantur et captivitatem impingens.

[39]¹⁷⁷

Hac clade Dacis illata, castrum proximum militum presidio centum oppugnavimus strenue, qui intus erant Dacis sese tuentibus.

[40]¹⁷⁸

Testudinem, consertis scutis tecta adversus impetum lapidum aliorumque telorum desuper incidentium, a militibus celeriter facta est. Romani igitur muros suffodiunt, diruunt arceque potiuntur.

---

¹⁷⁶ CIACONIO, *Historia*, 211.
¹⁷⁷ CIACONIO, *Historia*, 212.
¹⁷⁸ CIACONIO, *Historia*, 213.

I Daci preparavano un'imboscata per i soldati romani che erano usciti dall'accampamento con lo scopo di far legna nei boschi. Reso più certo della cosa, disposi che un'ala di cavalieri con armamento non pesante, di arcieri, di frombolieri e di fanti armati alla leggera si celasse in un luogo comodo. Così, quando i Daci irruppero dall'imboscata che avevano organizzato, l'ala di soldati li attaccò a sua volta e li trucidò quasi per intero: in tal modo la trappola fu ripagata con un'altra trappola e la morte che meditavano di infliggere ad altri ricadde su di essi assieme alla prigionia.

Dopo avere inferto ai Daci questa strage, assalimmo valorosamente il vicino accampamento nemico, nel quale avevano trovato rifugio gli stessi Daci.

Dai legionari venne rapidamente formata, congiungendo gli scudi a mo' di tetto per difendersi dal lancio di pietre e altri missili dall'alto, una testuggine. In tal modo i Romani assalirono il muro, lo scalzarono e raggiunsero la roccaforte avversaria.

[41]¹⁷⁹

Dacis, qui subsidium munitissimo castro, a Romanis militibus nuper capto, laruri veniebant, copiae nostrorum militum occurrerunt; acris fit utriusque conflictus sed in quo Daci superati, Romani victores evasere. Capita autem hostium illustriorum mihi, in acie editore loco stanti, praetorianis stipato, coram perferuntur.

[42]¹⁸⁰

Reliquiae exercitus Dacici hac pugna deletae sunt: regia Decebali obsidionem paulo post posui.

[43]¹⁸¹

Cum comitibus tribunisque exercitus de conditionibus et pace cum Decebalo rege facienda, quam enixe et submisissime precabatur. Ad quasqumque enim foederis conditiones venturum, imperataque facturum per legatos pollicebatur: praesertim cum provincia ferme omnis in potestatem esset recepita et ob id se Decebalus in summam esset desperationem adductus.

---

[179] CIACONIO, *Historia*, 214.
[180] CIACONIO, *Historia*, 215.
[181] CIACONIO, *Historia*, 216.

I Daci accorsero in armi in soccorso della fortificatissima piazzaforte che era stato testé conquistata dai Romani, al che accorsero contro di essi le truppe dei nostri soldati; si ingaggiò da ambo le parti un aspro scontro ma i Romani, dopo aver sconfitto i Daci, ne emersero vincitori. Nel luogo sopraelevato in cui mi trovavo, mi vennero poi portate dai pretoriani le teste dei nemici più illustri.

In questo scontro quanto rimaneva dell'esercito dei Daci venne annientato; di lì a poco misi pertanto sotto assedio la capitale di Decebalo.

Assieme ai *comites* e ai tribuni dell'esercito discussi delle condizioni di pace con il re Decebalo, che le chiedeva con estrema umiltà. Costui era infatti disposto ad accettare qualunque condizione di alleanza, ragion per cui furono dettati gli ordini agli ambasciatori: quasi l'intero reame, in special modo, sarebbe stato sottoposto alla condizione di provincia, cosa per la quale Decebalo cadde in preda ad una somma disperazione.

[44]¹⁸²

Castra hoste proximo, ac nondum pace firmata, tuto loco constitui, ubi lignorum, pabuli et aquae copia suppetebat. Adaquario enim ex copiosissimo fonte a militibus fiebat, qui intercipi, aut alio derivari ab hoste nequibat.

[45]¹⁸³

Pace his conditionibus firmata: ut Decebalus, Dacorum rex, arma et bellica instrumenta, machinas earumque artifices traderet. Transfugas sive Romanos sive socios remitteret. Castella et arces deductis praesidis everteret: atque ut omni praeterea terra decederet, quam de finitimis per vim caepisset : eos denique amicos et inimicos haberet quos Senatus censuisset. Decebalus licet invitus et moerens, praesentibus tamen iacturis cactus, per legatos primores pileatorum assensus tandem est.

[46]¹⁸⁴

Decebalus rex deinde personaliter ad castra venit, ubi me, in suggesto sedentem, praefectus, tribunis praetorianisque militibus stipatum, genuflexus adoravit atque manus meam osculaturus apprehendit.

---

182 CIACONIO, *Historia*, 218.
183 CIACONIO, *Historia*, 220.
184 CIACONIO, *Historia*, 221.

Non essendo stata ancora confermata la pace, stabilii un accampamento nelle vicinanze del nemico, in una posizione sicura, dove si trovava dovizia di legna, foraggio ed acqua. Quest'ultima era attinta infatti dai soldati da un'abbondantissima fonte a cui si poteva accedere, impedendone peraltro l'uso al nemico.

La pace venne firmata a queste condizioni: che Decebalo, re dei Daci, consegnasse le armi e gli attrezzi bellici, le macchine ed i loro costruttori. I disertori romani o alleati avrebbero dovuto essere restituiti; le fortezze e le piazzeforti che erano state costruite dovevano essere abbandonate dalle proprie guarnigioni e, soprattutto, tutti i territori conquistati con la forza [dall'esercito romano] sarebbero stati ceduti; [i Daci] avrebbero avuto poi per amici e nemici coloro che sarebbero stati indicati loro dal Senato. Decebalo, sebbene indomito e insofferente, tuttavia – costretto dalle recenti sciagure che lo avevano colpito – diede il proprio assenso a queste condizioni tramite alcuni ambasciatori scelti fra i pileati, maggiorenti della sua nazione.

Re Decebalo si recò poi di persona all'accampamento, dove fece atto di adorazione verso di me, seduto su di un palco e circondato dal prefetto, dai tribuni e dalla guardia pretoriana, inginocchiandosi e afferrando la mia mano per baciarla[185].

---

[185] Nella sua traduzione a questo passo, il Bellori aggiunge "e supplichevole si rimette alla sua (*scil.* di Traiano) clemenza e alle condizioni della pace".

[47][186]

Transfugae manibus eorum post terga revinctis ex Romani vel sociis, qui ad Dacos confugerant,traditi sunt et in potestate SPQR restituti, crimen iuxta puniendi.

[48][187]

Reguli et praecipui Dacorum duces, Decabalus regem suum comitati, ante me procubuerunt, et populi Romani se imperio ac protestate submiserunt.

[49][188]

Castella et arces, iuxta pacis conditiones, diruti sunt.

[50][189]

Daci cum uxoribus et filiis, armentis et pecoribus terra discesserunt, quam a finitimis per vim coeperant, suis eam antiquis colonis restituientes, ut fuerat foedere sancitum. Nonnulli etiam loca munita, patriam deserere coacti, in aliaque oppida concedere et immigrare iussi: pacis decreto perurgente.

---

[186] CIACONIO, *Historia*, 222.
[187] CIACONIO, *Historia*, 223.
[188] CIACONIO, *Historia*, 225.
[189] CIACONIO, *Historia*, 226.

I disertori che dai Romani o dagli alleati si erano rifugiati presso i Daci, con le mani legate dietro alla schiena vennero restituiti in potere del Senato e del popolo romano, affinché fossero giustamente puniti del loro crimine[190].

I regoli ed i principali condottieri dei Daci, facenti parte del corteo di re Decebalo, si inginocchiarono davanti a me e si sottomisero al dominio e alla potestà del popolo romano.

I castelli e le roccaforti, in base alle condizioni di pace, vennero demoliti.

I Daci abbandonarono le terre che avevano strappato con la forza ai popoli confinanti assieme alle loro mogli, ai figli, agli armenti ed alle pecore, restituendole ai loro antichi proprietari, secondo quant'era stabilito dai termini di resa. Obbligati ad abbandonare anche tutte le postazioni fortificate della loro patria, ordinai di trasferirsi e spostarsi in altre fortezze: così si obbedì al decreto di pace.

---

[190] Il Bellori prudentemente aggiunge "se non sono prigioni principali"; la presenza di alcuni pileati, infatti, indurrebbe a credere trattarsi anche di ostaggi, consegnati da Decebalo come garanzia della pace. La scena però potrebbe ricordare entrambe le cose, ovvero restituzione dei disertori e affidamento degli ostaggi.

[51]¹⁹¹

Romam reddito, legati Decebali in Senatum intromittuntur, qui depositis armis, iunctisque manibus more captivorum et pauca supplices loquuti de submissione eorum pronuntiaverunt. Pacem facta, arma receperunt. Eoque facto de Daci triumphavi et Dacicus cognominatus sum.
Mihi vero, reversum in Urbem, quamplurimae legationes a barbaris gentibus, atque adeo ab rege Kaniska Indiae, venerunt.

[52]¹⁹²

Legionem XII Dacicam appellatam, ex superiori Pannonia, victo Decebalo, abductam, Daciae presidio reliqui.

[53]¹⁹³

Trophea ex Dacis et Sarmatis devictis, stipitibus arborum affixa loco editori collocata, in mihi memoriam erecta fuerunt, eo precipue loco ubi hostes profligati et deleti fuerunt.

---

[191] Cassio Dione, *Storia Romana*, LXVIII, 14-15.
[192] Ciaconio, *Historia*, 227.
[193] Ciaconio, *Historia*, 228.

Una volta che fui tornato a Roma, gli ambasciatori di Decebalo furono introdotti in Senato, dove deposero le armi, congiunsero le mani a guisa di prigionieri e pronunciarono poche parole per garantire la loro sottomissione. Conclusero quindi la pace, e ripresero le loro armi. Per questi fatti celebrai il trionfo sui Daci ed ottenni l'appellativo di "Dacico".
A me in seguito, una volta che ebbi fatto ritorno a Roma, giunsero molte ambascerie da parte di popoli barbari, tra cui una persino da Kanishka, re degli Indiani[194].

Una volta sconfitto Decebalo, lasciai la XII Legione, detta Dacica, fatta giungere dalla Pannonia Superiore, quale presidio della Dacia.

I trofei presi ai Daci e ai Sarmati confitti vennero affissi ai fusti degli alberi situati nei luoghi più elevati, in special modo nel sito laddove i nemici erano stai vinti e annientati.

---

[194] L'ambasceria "indiana" era sicuramente inviata da Kanishka I, re dei Kushan, interessato a stringere con i Romani un'alleanza in funzione anti-partica e contro il prepotere delle Satrapie Occidentali, ricchi regni costieri dei Saci situati sulla sponda ovest dell'India; su questa figura storica di estrema importanza si veda M. Rizzotto, *Kanishka il Grande. Un Imperatore tra Roma e la Cina* (di futura pubblicazione).

Liber III Commentariorum de bello Dacico

Libro III dei Commentari sulla Guerra Dacica

[1]¹⁹⁵

Bello Dacico absoluto paceque cum Decebalo rege firmata, nihil quod meam praesentiam exposceret, superesse ratus, in Urbem redire constitui. Quare legione in provincia relicta praesidiisque militum per opportuna loca dispositis, ad Italiam remeavimus.

[2]¹⁹⁶

Tamen nunciabatur Decebalus, condionibus foederis implacatus, novis rebus studebat contra Romanos et multa ad ribellionem spectantia parare et facere: quippe arma fabricare, transfugas recidere, legatos occulte misit ad Pachorum Parthorum regem, fines Yazigium, socii populi Romani invasit et occupavit, nova oppida aedificavit ac instauravit et aliquot primores pileatos pace fideles occubuit. Ob has causas iterum hostis Senatu iudicatur; bellumque adversus illum secondo suscepi: quod tandem fine alterius ducis per me ipsum confeci.

---

¹⁹⁵ Ciaconio, *Historia*, 233.
¹⁹⁶ Ciaconio, *Historia*, Introduzione alla II Guerra Dacica; Cassio Dione, *Storia Romana*, LXVIII, 12.

Conclusa la Guerra Dacica e siglata la pace con re Decebalo, non rimanendo altro che richiedesse la mia presenza, essendo stato tutto condotto a termine, decisi di fare ritorno a Roma. Così, dopo aver lasciato a presidio di quella provincia una legione ed un presidio di soldati disposti nei luoghi strategici, ritornammo in Italia.

Tuttavia Decebalo, insoddisfatto delle condizioni di pace, escogitò delle rivolte contro i Romani ed organizzò e mise in atto molte cose al fine di ribellarsi: prese infatti a fabbricare delle armi, a dare rifugio ai traditori, inviò nascostamente degli ambasciatori presso Pacoro[197], re dei Parti, invase ed occupò i territori degli Iazigi, alleati del popolo romano, costruì e restaurò delle nuove fortezze ed eliminò alcuni nobili pileati, fedeli al trattato di pace stipulato. Per questi motivi venne giudicato una nuova volta nemico dal Senato ed intrapresi una seconda guerra contro di lui, la cui conduzione affidai ancora una volta non ad altro generale che a me stesso.

---

[197] Figlio di Vonone II e fratello di Vologese I, fu re di Partia dal 78 al 105 d.C.

[3][198]

Decebalus autem Longinum Cicatriculam quondam, legionis Romanae ducem, qui gravis ei in bellis fuerat, ad se vocavit, quique persuasit, ut in colloquium veniret, quasi ipse statuisset imperata facere. Hunc comprehensum interrogavit publice de consiliis meis. Post, ubi nihil ille voluit profiteri, liberae traditum custodiae omni humanitate prosecutus est. Misso deinde ad me legato quodam petiit, ut ager ad Danubium usque porrectus sibi concederetur, et expensae in bellum pecuniae solveretur; atque ita Longinum se redditurum promisit. Quem autem medium quiddam ego respondissem, ex quo nec an magna, nec an exigua Longini ratio haberetur, appareret, quo nimirum ille nec periret, nec in redemissione magno Romanis contaret: secum ipse amplius dispiciens Decebalus, quid potissimum ageret, cunctabatur. At Longinum interea venenum liberti metus opera, simul et Decebalo reconciliationem cum imperatore pollicitus, ut ille quam minime suspicaretur id, quod ipse facturus esset, nec custodiae adhiberet accuratiores; scriptas quaedam ad me litteras, quae supplicationem continebant, liberto tradidit perferendas, ut is in tuto esset. Hoc modo quum libertus ab eo discessisset, hausto noctu veeno mortuus est. Id ubi contigisset, libertum Decebalus mihi repetiit, eiusque loco se cum Longini cadaver, tam captivos decem redditurum promisit statimque centurionem, qui cum Longino captus fuerat, ablegavit, qui res hasce conficeret. Ex eo cognita fuerunt omnia, quae Longino accidissent. Nec tamen vel hunc ego remisi, vel libertum dedidi: quod potiorem salutis illius, ad maietatem imperii, quam sepulturae Longini, rationem habendam esse duxisset.

---

[198] CASSIO DIONE, *Storia Romana*, LXVIII, 12, 1-5.

Decebalo tentò ancora – con il medesimo sotterfugio – di attirare nel suo accampamento Longino Cicatricula, uno dei generali dell'esercito romano, un uomo assai abile nell'arte della guerra, con il pretesto di voler conferire con lui. Ma, invece di sottomettersi agli ordini di quest'ultimo, il re lo fece arrestare, e lo obbligò in pubblico a rivelargli i piani dell'imperatore[199]. Non essendo però riuscito a cavargli nulla di bocca, lo gettò in prigione senza legarlo e scrisse poi a me, offrendomi di restituirmelo in cambio della concessione di alcuni terreni a ridosso del Danubio e della remissione dell'indennità di guerra [che ci doveva]. Io gli fornii una risposta così ambigua da cui Decebalo ebbe l'impressione che Longino non godeva né di grande né di scarsa considerazione, sia che fosse destinato a morire sia che – con grande vantaggio per i Romani – dovesse salvarsi. Mentre Decebalo stava ancora valutando tra sé e sé in che modo agire, Longino, procuratosi del veleno, lo tranguigò e morì. In seguito a questi fatti Decebalo mi chiese di restituirgli un suo liberto tenuto in cattività, promettendo in cambio di costui il corpo di Longino e dieci prigionieri; e subito mandò un centurione catturato assieme a Longino per negoziare su quella questione. Ed è da questo centurione che è stata resa nota tutta la vicenda di Longino. Tuttavia, da parte mia, né gli rimandai quello né gli restituii il liberto, stimando più importante per la dignità dell'Impero la salvezza di quest'ultimo, piuttosto che garantire una sepoltura a Longino.

---

[199] Cfr. il medesimo episodio riferito, molto più stringatamente, da FRONTONE, *La guerra partica*, 2, rivolto ai suoi allievi imperiali Marc'Aurelio e Lucio Vero: "*Traiani proavi vestri ductu auspicioque nonne in Dacia captus vir consularis?*" ("Sotto la guida e il comando del vostro bisnonno Traiano non fu forse fatto prigioniero in Dacia un ex console?"). Sicuramente Frontone ricavò questa notizia dalla lettura dei *Dacica* traianei.

[4][200]

Gallus Braduaque coss.

Exercitum ingentem contra insidias Decebali in Ancona urbe duxi. His paratis rebus milites praetorianosque naves conscendere iubet: in Daciam enim celeriter proficisci constitui: legatis imperavi, ut naves conquirant Anconamque deducendas curent.

Senatus in tota Italia naves longas veteres reficiebat, novas civitatibus imperabat. Haec magno studio agebat.

Navis dum velis collectis, anchoris iactis, clavo firmato, per Hadriaticum mare ex Ancona ad portum Aquileiensem pervenimus. Deinde, terrestre itinere, Emona, Sava, Sciscia, Singidunum et Viminacium petivimus.

[5][201]

Yaziges et aliae gentes Dacis finitimae me adventanti occurrerunt, gratulanter exceperunt : seque per vim propriis sedibus a Decebalo exturbatos, graviterque mulctatos, quod amicitiam populi Romani sequerentur, conqueruntur : ulciscatur proinde communem iniuriam expostulant; seque socios belli futuros, commeatumque exercitui, quantam rerum suarum angustia pateretur, curaturos pollicentur. Uxores autem ac filios secum ducenant, ut maiorem nostram miserationem commoveant. Quorum ego misertus, votis illorum annuire et animos spe futurorum erigere videtur, cum bellum me tandiu cruentum et implacabile, adversus Dacos gesturum affirmem, quandiu ipsos iniuria affectos in antiquas et avitas sedes restituam.

---

[200] CESARE, *La Guerra Civile*, I, 27 e 30; CIACONIO, *Historia*, 243.
[201] CIACONIO, *Historia*, 248.

Essendo consoli Gallo e Bradua, condussi nella città di Ancona un grande esercito per fare fronte ai tradimenti di Decebalo[202]. Compiuti questi preparativi ordinai ai soldati ed ai pretoriani di imbarcarsi sulle navi: decisi infatti di partire rapidamente alla volta dela Dacia; ordinai ai legati di procurarsi delle navi e di farle pervenire ad Ancona.

Il Senato faceva riparare vecchie navi da guerra, e ne richiedeva delle nuove alle città. Lavorava con grande impegno. Radunate dunque le navi munite di vela, levate le ancore e assicurato il carico, attraverso il mare Adriatico da Ancona raggiungemmo il porto di Aquileia. In seguito, tramite un percorso via terra, raggiungemmo le località di Emona, Sava, Sciscia, Singidunum e Viminacium[203].

Gli Iazigi e altre popolazioni confinanti con la Dacia accorsero al mio arrivo, iniziando a lamentarsi: essi erano stati cacciati a forza dalle loro sedi da Decebalo e, per essere rimasti fedeli all'amicizia con il popolo romano, avevano ottenuto gravi ingiurie; chiedevano pertanto di essere vendicati della comune offesa patita: essi avrebbero offerto viveri all'esercito e, sebbene a loro volta patissero per la penuria delle proprie cose, avrebbero avuto cura di prestare supporto. Ebbi pietà di costoro e, assecondando le loro speranze, gli feci segno di risollevare gli animi, fiduciosi nel futuro, in quanto sarebbero stati vendicati per le ingiurie subite e ricollocati nelle loro antiche ed avite sedi.

---

[202] Era il 4 giugno del 105 d.C.

[203] Sulla partenza da Ancona si vedano F. FESTA FARINA, *Tra Damasco e Roma. L'architettura di Apollodoro nella cultura classica*, L'Erma di Bretschneider, Roma 2001; S. SETTIS, *La Colonna Traiana*, Einaudi, Torino 1988, p. 397, tavola 139; M. LUNI, *L'Arco di Traiano e la riscoperta nel Rinascimento*, in "Studi Miscellanei", II, a cura del Dipartimento di Scienze Storiche ed Archeologiche dell'Università di Roma "La Sapienza", L'Erma di Bretschneider, Roma 1996.

[6][204]

Ante hostium congressum diis nova sacrificia taurorum super aras eorum feci.

[7][205]

Decebalus etiam transfugas in Moesia mittit me occidere per insidias sed, unum eorum capto, coniurationem defuit.

[8][206]

Plurima loca quaeque munita expugnavimus, vi cepimus, in hostes saevimus, ingenti eos clade delevimus.

---

[204] CIACONIO, *Historia*, 249-250.
[205] CASSIO DIONE, *Storia Romana*, LXVIII, 11, 3.
[206] CIACONIO, *Historia*, 255.

Prima di scontrarmi con i nemici, feci per gli dèi dei nuovi sacrifici di tori sopra i loro altari.

Decebalo inviò pure in Mesia alcuni disertori per uccidermi nel corso di un attentato ma uno di costoro venne catturato e il complotto venne meno[207].

Espugnammo varie piazzeforti ben fortificate, le conquistammo con la forza ed incrudelimmo sui nemici, annientandoli con una grande strage[208].

---

[207] Cassio Dione (v. nota precedente) così riferisce l'evento; "Sebbene Decebalo stesse perdendo terreno nei preparativi bellici, tuttavia per poco non riuscì ad uccidere Traiano con l'inganno e l'astuzia. Egli inviò in Mesia alcuni disertori per tentare di eliminare [l'imperatore romano], poiché era facilmente avvicinabile e poiché anche in quella circostanza, a causa dell'imminente campagna militare, concedeva a tutti coloro che lo richiedevano, udienza. Ma questi non riuscirono a realizzare il loro piano, poiché uno di loro fu catturato per essere sospettato e, torturato, rivelò l'intero complotto". Nella Colonna non c'è traccia di questo increscioso episodio, ragion per cui è lecito dedurne che Traiano nei suoi *Dacica* non ne abbia fatto che uno stringato accenno.

[208] Giustamente il Bellori annotò che "si comprende che li Daci assalgono li alloggiamenti, o altro luogo munito de' Romani, li quali escono fuori a combattere valorosamente contro di loro, uccidendo e vincendo li nimici, che rifuggono nelle loro fortificazioni", il che comporta un assalto dacico all'accampamento romano e un vittorioso contrattacco degli imperiali.

[9][209]

Barbari regionis super montes rupesque undique interseptum incolunt, situs in loco horrido et aspero, ubi frumenti et annonae, ob rarissimam illius terrae culturam, frequens victui penuria accidit, cum praesertim nulla eiudem loci sit planities, et non segetes, sed extensae arbores undequaque magno terrarum spatio intersecate conspiciuntur, quo minus comode in his locis desertis et agris infoecundis, ulla frumenta seminare queant. Attamen fluvius principalis quovis tempore selectissimos pisces, utpote fundulos, cephalos, capitones, auratas atque etiam trutas et complures alios satis benigne suppeditat.

[10][210]

Romani, munitiores natura colles Dacis resistentibus, praeoccupaverunt, triplicique muro per intervalla disposito, viam illis nocendi obstruxerunt, tuta se statione locantes. Daci autem acinacibus pugnabant, gladiis inquam versus cuspidem intortis, falcibus appellatis. Pars autem parva militum nostrorum pugnabat; enim pars summa cum festinatione, munimentis castrensibus absolvendis intendebant: igitur Dacis eo loci per vimexturbatis.

[209] REYCHERSDORFF, *Chorographiae Transylvaniae*, p. 30.
[210] CIACONIO, *Historia*, 256.

I barbari della zona vivono sui monti e sulle rupi che li dividono da ogni parte, situati in un luogo oriido e aspro, dove il frumento e i cerali, a causa della scarsissima coltivazione di quel terreno, vengono spesso a mancare, dato che in questa zona non vi è pressoché alcuna pianura o area seminabile, bensì soltanto estese foreste di alberi che si estendono sul territorio per un ampio spazio, cosa che rende ancora meno agibile questo luogo deserto e privo di campi fecondi; del resto nessuno ha desiderio di mettersi a seminare alcunché. Nondimeno il fiume principale della regione a tempo debito fornisce pesci sceltissimi, tra cui le carpe, i cefali, i capitoni, le orate e persino le trote ed altri ancora in gran quantità.

I Romani occuparono dapprima le alture più munite dalla natura, ove i Daci opponevano resistenza, e – dopo avervi disposto una triplice muraglia difensiva intervallata [da adeguati spazi] – impedirono il passaggio a coloro che intendevano nuocere, posizionando [al contempo] se stessi in postazioni sicure. I Daci, oltretutto, combattevano con delle scimitarre, mi riferisco cioè a delle spade ricurve verso la punta, chiamate "falci"; tuttavia solo una piccola parte dei nostri soldati era intenta a combattere: infatti una parte di essi, con grande rapidità, era occupata nella fortificazione delgli accampamenti: l'accesso a quelle località venne dunque impedito ai Daci con la forza.

[11]²¹¹

His secundo finitis eventu, ad Sarmatos, Dacorum socios, ocius signa transferri utilitas publicus flagitabat, quos erat admodum nefas, impune multa et nefaria perpetrasse. Contra eos movit copias L. Fabius Iustus et savissima pugna congressa est. Ego quoque Dacos Sarmatosque cum cohortibus praetorianorum aggressus sum et hostes in fugam repente verterunt.

[12]²¹²

Eques, milites nostros, ut hostibus profligatis, praepropere loca munita occupent, reliquis ut cum festinatione incoepta munimenta absolvant, adhortatus: subsidio cum reliquo equitatu pugnantibus adversus Dacos Romanis, opportunissimus adveniens.

[13]²¹³

Ex quibus unus eque, graviter saucius, exportatua e proelio, ut qui sanari adhuc posset, ubi desperatam esse salutem cognovi; ex tabernaculo (nondum enim vis mali eum oppresserat) iterum in aciem processit, magnisque rebus gestis, mortuus concidit.

[14]

Post pugnam, milites Romani fossas fecerunt: caeteri ligna ceciderunt et secta in castra comportaverunt.

---

[211] AMMIANO MARCELLINO, *Storie*, XVII, 13, 1.
[212] CIACONIO, *Historia*, 257.
[213] CASSIO DIONE, *Storia Romana*, LXVIII, 14.

Dopo la conclusione favorevole di queste imprese, l'interesse pubblico esigeva che si volgessero quanto prima le armi contro i Sarmati, alleati dei Daci, perché era veramente inammissibile che avessero potuto compiere impunemente tanti ed orrendi crimini. Contro costoro mosse le truppe Lucio Fabio Giusto[214] e fu ingaggiata una sanguinosissima battaglia. Anch'io li attaccai personalmente assieme alle coorti pretoriane ed i nemici volsero rapidamente in fuga.

Esortai i cavalieri e i nostri soldati, al fine di sconfiggere i nemici, ad occupare per primi i vari fortilizi, sbrigandosi a portare a termine le altre opere di fortificazione: assieme alla restante cavalleria i Romani si scontrarono con i Daci, arrivando al momento opportuno.

Fra coloro che affrontarono i più grandi pericoli, e che si segnalarono per i servizi resi, vi fu un tale – un cavaliere – che, ferito durante una battaglia, fu trasportato all'accampamento per esservi curato; resosi però conto che la sua era una ferita mortale, ebbe ancora abbastanza forza e coraggio per ritornare a battersi con i nemici e per compiere delle gloriose imprese, prima di cadere morto.

Dopo lo scontro, i soldati romani scavarono dei fossati: alcuni di essi si occuparono di tagliare la legna e di portarla sezionata all'accampamento.

---

[214] Era il governatore romano della Mesia Inferiore.

Liber IV et postremus Dacicorum

Libro IV ed ultimo delle Guerre Daciche

[1]²¹⁵

Ut expeditius presidia traduceret, quoties a barbaris Romani qui trans Danuvium agebant, premeretur, lapideum pontem super fluminem apud Drobetam facere ego et architectus meus Apollodorus Damascenus excogitavimus: opus sane mirandum et maxime memorabile, cui caetera illius opera vix adaequari possunt, impensa profeto ingenti et quae fidem superat. Illus enim mirare convenit, quanam ratione et quibus viribus, quove artificio in illa gurgitum altitudine, tamque praecipiti fluvio, tam singuale columnae extiui valuerint, tantarumve molum fondamenta extabilire.

[2]²¹⁶

Eius pontis pilae sunt XX ex lapide quadrato; singulae, praeter fundamentum, altitudine pedum CL, latitudine perdum LX. Distant inter se intervallo CLXX pedum, suntque fornicibus devinctae. Quis vero sumptus in istud opus factos, quis modum non admiretur, quo singulae pilae in fluvio magno et aqua vorticosa, soloque limoso defixae sunt, cum cursus eius fluminis alio averti non potuerit? Latitudinem vero fluminis dixi, non quod maiorum non occupet: (nam alicubi duplo triploque maior restagnat) sed quod angustissima, pontique faciundo iis in locis altissima pars, huius sit latitudinis. Quanto autem magis illic, e spazioso stagno descendens, ac rursus in stagnum maius procedens, in artum concluditur: tanto et rapidus fit, et profundis, ut id quoque ad difficultatem structurae pontia tendat. Igitur eo ponte Danubium transivimus.

---

²¹⁵ CIACONIO, *Historia*, 260.
²¹⁶ CASSIO DIONE, *Storia Romana*, LXVIII, 14.

Al fine di far giungere truppe più rapidamente in aiuto dei Romani che stavano combattendo contro i barbari al di là del Danubio, io ed il mio architetto Apollodoro di Damasco escogitammo di far costruire un ponte in pietra sopra il fiume, presso Drobeta: si trattava di un'opera che suscitava gran meraviglia e oltremodo degna di ammirazione, a cui a stento si possono paragonare le altre realizzazioni di quest'ultimo, sia per la spesa sostenuta, sia perché a stento ci si può credere. È opportuno, infatti, sbalordirsi per quanta ingegnosità e per quante forze messe in campo si siano profuse, sia nel modo in cui si è potuto superare con tale ponte la profondità dei gorghi e sia per la robustezza dei singoli piloni ed infine per il modo in cui si sono gettate le fondamenta del molo.

Era infatti sostenuto da 20 pilastri di pietra squadrata, alto 150 piedi senza contare le fondamenta, mentre la larghezza contava 60 piedi[217]. I pilastri distavano l'uno dall'altro 160 piedi ed erano uniti da degli archi. Chi non si stupirebbe per la grandezza della spesa che fu fatta per questa costruzione? E, d'altra parte, come non meravigliarsi del modo stesso in cui gli operai riuscirono a far ergere ogni pilone in un vasto fiume, sopra un fondale coperto di melma e nel bel mezzo di una corrente piena di gorghi (non era stato infatti possibile in nessun modo deviare il corso del fiume). Il punto in cui il ponte fu costruito era il più agevole a guadare e il più stretto, visto e considerato che in altri punti il ponte era largo anche il doppio o il triplo. Tuttavia, divenendo in quel luogo decisamente più stretto, la corrente diventava assai più rapida, cosa che rendeva la costruzione del ponte sensibilmente più difficile e che fece risaltare la grandezza dell'impresa e la generosità dell'Imperatore che ebbe la gloria di realizzarla. Oltrepassammo dunque il Danubio su questo medesimo ponte.

---

[217] Il ponte poggiava su venti piloni di pietra alti una quindicina di metri, sviluppandosi per una lunghezza di milleduecento metri circa, ed era protetto alle due estremità da possenti fortini.

[3]²¹⁸

Decebalus primoribus Dacis et Sarmatis aliquot ad me missis, conditiones pacis simulator postulavit, non tandem fuit exauditus, qui semel et iterum prodegerat fidem, quare infecto negotio ad Decebali redierunt.

[4]²¹⁹

Per praetoriam castrorum portam exercitum eduxi, ponte ligneo Tibiscum fluvium traieci.
Suoevetaurilia consueta, in lustratione exercitus,sacerdotibus iussi fieri.

[5]²²⁰

Lictor cum fascibus consularibus retro me stabat. Adlocutiones igitur ad milites e suggesto lapideo, praesentibus praefectus et tribuni exercitus, quattuorque aquiliferis cum quattuor aquilarum signis, pronuntiavi: totidem enim iam legiones convenerant et in eo bello militabant. In qua ego iustas belli causas adversus Decebalum suscepti, Dacorum regem, enumeravi quantunque fuerit perfidus et iniurius Romano Senati, proinde ad fortiter et strenue se in pugna quae imminebat gerendum, adhortatur: ad gloriam ex victoria et triumpho et immensas opes ex preda ac manubiis hostium parandas inflammat vicinasque Dacorum stationes et castra mature occupare iussi.

---

[218] CIACONIO, *Historia*, 262.
[219] CIACONIO, *Historia*, 263 e 265.
[220] CIACONIO, *Historia*, 267.

Dopo avermi inviato alcuni maggiorenti dei Daci e dei Sarmati, Decebalo finse di supplicare delle condizioni di pace ma, non essendo state accolte le sue richieste, dato che per due volte aveva mancato alla parola data; così costoro, fallite le trattative, fecero ritorno da Decebalo.

Condussi l'esercito fuori dall'accampamento attraverso la porta pretoria ed attraversai un ponte in legno sul fiume Tibisco. Ordinai ai sacerdoti di compiere il consueto sacrificio di un verro, di un ovino e di un toro, al fine di purificare l'esercito.

Il littore con i fasci consolari se ne stava dietro di me. Pronunziai dunque un discorso ai soldati standomene su di uno scranno marmoreo, alla presenza del prefetto e dei tribuni dell'armata nonché di quattro aquiliferi con altrettanti vessilli sormontati dalle aquile: un numero analogo di legioni era infatti già pervenuto sul posto e combatteva in quella guerra. Verso costoro enumerai le giuste motivazioni del conflitto contro Decebalo, rammentando di come si fosse mostrato perfido ed ingiurioso nei confronti del Senato romano, esortandoli quindi a mostrarsi forti e valorosi nello scontro imminente; infiammai gli animi prospettando loro la gloria che sarebbe derivata dalla vittoria e dal trionfo, rammentando l'immenso gruzzolo che si sarebbero procurati dalla preda e dal bottino strappato ai nemici. Ordinai poi di occupare saldamente le piazzaforti e gli accampamenti dei Daci poste in luoghi vicini.

[6][221]

Antea colloqutus sum cum comitibus, inter quos praefectum Tib. Claudium Livianum, Licinium Suram, Q. Senecione, L. Quietum ducibus, P. Hadrianum consobrinum meum atque D. Terentium Scaurianum, postea tribunis militibusque e suggesto quid faciendum, quo ordine procedere deberet exercitus, quae loca in munimentum castrorum precipue occupando, qualiter invadendus hostis, qualiter debellandus disposui.

[7][222]

Urbs regia Sarmizegethusa amplissima est et magnis moeniis circumducta. Hic rex Dacorum residet cum thesauro nationis et insignem tenet arcem, magnis sumptibus extructam et optime munitam, apud quam quoque avorum suorum sepulturam habent.
Sarmizegetusa, igitur, civitas huius regni metropolis erat, et munitissima, aurique et argenti, breviter rerum omnium abundantissima.
Haud longe ab ea civitate diversa circumfusa iacent oppida, in quibus passim Daci resident. Erat vero oppidum mediocri magnitudine et quodam arcem munitam.

---

[221] CIACONIO, *Historia*, 268.
[222] REYCHERSDORFF, *Chorographiae Transylvaniae*, pp. 31-32 e 37.

Ebbi dapprima un conciliabolo con i miei *comites*, tra cui il prefetto Tiberio Claudio Liviano, i comandanti Licinio Sura, Quinto Sosio Senecione, Lusio Quieto, mio cugino Publio Elio Adriano e Decimo Terenzio Scauriano, in seguito al quale illustrai, dall'alto di un palco, cosa vi fosse da fare per i tribuni ed i soldati, in che ordine l'armata dovesse avanzare, quali località fossero in special modo da occupare in modo da installarvi dei campi fortificati, in quale maniera fosse da invadere il territorio nemico e come fosse opportuno debellarlo.

La città reale di Sarmizegetusa è vastissima e circondata da grandi mura. Qui risiede il re dei Daci con il tesoro della nazione e vi possiede una rinomata roccaforte, costruita con grandi spese ed eccellentemente fortificata, presso la quale anche i suoi antenati hanno le loro sepolture.
Sarmizegetusa, dunque, era la capitale del suo regno, fortificatissima nonché assai abbondante di oro e d'argento e, in breve, di ogni altra cosa. A poca distanza da questa città sono situati diverse piazzeforti che la circondano, nelle quali risiedono qua e là i Daci. Vi era inoltre una fortezza di media grandezza e munita di roccaforte.

Progredientem vero in hostilem terram exercitum, antecedebant omnia auxilia, post eos viarum stratores, castrorumque metatores. Deinde rectorum sarcinae atque armati. Post hos ego et alios lectos habens et signi feros, quorum agmen equites sequebantur. Hi vero ante machinas ibant, et secundum illos una cum lectis tribuni, et praefecti cum cohortibus. Post autem circum Aquilam signa, et ante signa tubicines, deinde acies senum virorum ordinibus dilatata. Servile autem vulgus a tergo cujusque legionis, et ante hos sarcinae. Omnium vero novissimi mercenarii, eo rumque custodes coactores agminis. Procedens autem de center cum exercitu, haud longe Sarmizegetusam venimus.

Ibi autem unam mo ratus vesperam, mane inde profecti sumus: peractaque diei mansione, castra posui in loco regia proximo. Hinc paucis prope lectis equitibus comitatus, perrexi in civitatem, quam tuta esset, Dacorum que animos exploraturus, si forte me conspecto, priusquam ad manus veniretur, metu cederent. Ad hoc legatos misi, sed frustra.

---

223 RUFINO, *Guerra Giudaica*, V, 2.

La marcia dell'esercito in territorio nemico era aperta da tutte le forze ausiliarie, cui tenevano dietro i genieri per la costruzione delle strade e la misurazione degli accampamenti. Venivano poi le salmerie dei comandanti con l'apposita scorta, e dietro a questa procedevo io stesso con il seguito dei fanti scelti e lancieri e gli squadroni della cavalleria legionaria. Dietro c'erano le macchine e poi i tribuni ed i prefetti di coorte circondati da reparti scelti, quindi intorno all'aquila le insegne precedute dai rispettivi trombettieri. A questo punto veniva la fanteria legionaria, che marciava su sei file, seguita dalle salmerie e dai servi di ciascuna legione; dietro a tutti vi erano i mercenari e la retroguardia di scorta ad essi. Guidando l'esercito in buon ordine, giungemmo a poca distanza da Sarmizegetusa.

Dopo aver alloggiato qui per una notte, verso l'alba ripartimmo e dopo una giornata di morcia posi l'accampamento in una località prossima alla capitale reale. Da lì, presi pochi cavalieri scelti, proseguii per fare una ricognizione della città, volendo esaminare le sue fortificazioni e saggiare le intenzioni dei Daci, nel caso che intimoriti nel vedermi si arrendessero prima di ingaggiare battaglia. A questo scopo inviai degli ambasciatori, ma inutilmente.

[9]²²⁴

Ego autem castra propius civitatem transferre cupiens de proximo monte, contra excursus quidem lectos equites ac pedites, quos satis esse arbitrabatur, posui: alium vero exercitum iussi totum quod erat usque muros spacium complanare. Cunctis igitur maceriis ac sepibus dirutis, quibus hortos ac praedia incolae praemunierant, omnique opposita quamvis fru gifera sylva excisa, repletum est quicquid erat cavum et vallibus impeditum. Saxorum autem eminentissimis ferro truncatis, humiliorem totum illum tractum a monte usque ad Dacorum templa monumenta fecerunt.

[10]²²⁵

Magna arx Dacorum de qua iam diximus, castris Romanorum proxima, militum presidio munita erat, iuxta quam Daci excubant, exercitus nostri insidias metuentebant.

[11]²²⁶

Aliquot milites levis armaturae, exploratione hac Dacorum arcem misi, in quibus hostes occurrerunt: pugna conseritur, in qua tamen Daci succumbunt. Post brevis obsidionem, maior arcem expugnata et combusta est. Nova legatio Romanorum Sarmizegetusam pergit, sed Decebalus rex videre eam noluit et captiva cepit.

---

²²⁴ RUFINO, *Guerra Giudaica*, V, 3.
²²⁵ CIACONIO, *Historia*, 280.
²²⁶ CIACONIO, *Historia*, 281.

Decisi allora di spostare gli accampamenti dall'altura per porli
più vicino alla città, e dopo aver posto a difesa contro eventuali
sortite una forza scelta di cavalieri nel numero che mi parve
sufficiente, comandai al resto dell'esercito di spianare il terreno
fino alle mura. Ed essi abbatterono tutti i recinti e gli steccati
con cui gli abitanti avevano delimitato i loro orti e le loro
piantagioni, tagliarono tutti gli alberi da frutta che vi
crescevano, colmarono le cavità e le anfrattuosità del terreno e
– spianando con il piccone i macigni affioranti – livellarono
tutto il suolo dal rialzo fino ai templi dei Daci[227].

Vi era la grande roccaforte di cui già parlammo, prossima
all'accampamento romano, munita di un presidio di soldati,
presso la quale i Daci vegliavano, temendo le trappole del
nostro esercito.

Inviai alcuni soldati dall'armamento leggero ad esplorare le
roccaforti daciche, contro cui accorsero i nemici: ne nacque
una mischia, nella quale i Daci ebbero la peggio. Dopo un
breve assedio la piazzaforte maggiore venne espugnata e data
alle fiamme. Una nuova ambasceria romana raggiunse
Sarmizegetusa, ma re Decebalo non la volle ricevere e la tenne
agli arresti.

---

[227] Il complesso templare era situato ad est della città.

[12]²²⁸

Unde cognitis eorum conatibus ex eo, quod nec ad salutem se hortantibus abstinuere, excitatus sum in obsidionem: simulque suburbana militibus vastare permisi, collectaque omni materia, iussi aggerem construi. Tripartito autem exercitu ad opera, medios in aggeribus iaculatores et sagittarios, constituebat, et ante eos ballistas, aliasque machinas atque tormenta: quibus et excursus hostium in opera prohiberet, et qui ex muris quidam tentarent. Caesis autem arboribus, momento suburbana nudata sunt. Collectis autem lignis in aggeres et totus operi intentus erat exercitus.

[228] RUFINO, *Guerra Giudaica*, V, 6, 2.

Comprese da ciò le loro intenzioni ostili, visto che non rispettavano nemmeno coloro che si avvicinavano per il loro bene, fui spinto a dare il via alle operazioni di assedio. Divisi quindi l'esercito in tre parti per l'esecuzione di tali lavori, e negli intervalli fra i terrapieni schierai i tiratori di giavellotto e gli arcieri, e davanti a costoro i frombolieri, le catapulte e le baliste per impedire ogni sortita del nemico contro i lavori in corso e ogni analogo tentativo da parte dei difensori posizionati sulle mura. Una volta abbattuti gli alberi, in breve i dintorni della città furono ridotti ad una landa desolata ma, mentre si trasportava il legname per i terrapieni e l'intero esercito attendeva alacremente all'opera.

[13][229]

Tamen Decebal non quiescebat, proximus enim erat obsidioni, missilibus per murum dispositis, quae pridem Fusco abstulerat. Sed Dacorum possessio propter imperitiam plerisque non erat utilis, pauci autem a transfugis docti, male utebantur instrumentis. Sed cum lapidibus, et sagittis aggerem iacientibus militibus imminebant, perque cuneos excurrentes, manus etiam conserebant. Operantes autem crates super vallum oppositae protegebant, omnibusque legionibus contra excursus erant machinae comparatae mira biles. Praecipue vero decimae legionis Geminae ballistae vehementiores, et tormenta saxorum, quibus non solum irruentes, sed etiam super murum stantes avertebantur. Nam et singula saxa talenti pondus aequabant, et ultra stadii modum torquebantur. Ictus autem non solum primis quos offendisset, sed aliquando posterioribus quoque intolerabilis erat. Daci sane cavebant a lapidibus, quod erant candidi: nec tantum sono ac fremitu noscebantur, sed etiam claritudine prospiciebantur. Denique speculatores in turribus praesidentes, praedicebant, quando impelleretur machina, saxumque ferretur. Itaque praesciebant, in quos veniret, atque ita vitabant: et hinc eveniebat, ut illis declinantibus lapis irritus intercideret. Proinde Romani excogitant, atramento decolorare lapides. Tunc enim missi, non similiter incertos ictus habebant, multosque simul unius impetu corrumpebant. Sed ne male quidam affecti Daci, aggeris instruendi Romanis copiam dabant. Omni vero eos molitione atque audacia die noctuque prohibebant.

---

[229] RUFINO, *Guerra Giudaica*, V, 6, 3.

Tuttavia Decebalo non riposava, ma posizionò sul muro le artiglierie, che un tempo erano state strappate a Cornelio Fusco. Ma per la maggior parte dei Daci disporre di tali ordigni non era di alcun giovamento, dato che non sapevano usarli; alcuni pochi, nondimeno, istruiti dai disertori, li misero in azione alla meno peggio, e con pietre e con dardi battevano dall'alto del muro quelli che lavoravano ai terrapieni, oppure li assalivano compiendo sortite in gruppi. Ma i Romani impegnati nei lavori si riparavano dai colpi mediante graticci stesi al di sopra delle palizzate e respingevano gli assalitori con l'artiglieria. Tutte le legioni disponevano di magnifici ordigni bellici, ma specialmente la X legione Gemina, che possedeva catapulte più potenti e baliste più grosse, con cui non soltanto respingevano le sortite, ma battevano anche i difensori sulle mura. Scagliavano pietre dal peso di un talento e avevano una gittata di uno stadio ed oltre; i loro colpi abbattevano non solamente i primi ad esserne raggiunti, ma pure quelli che stavano dietro per lungo tratto. I Daci, inizialmente, schivavano i proiettili perché erano di pietra bianca, e pertanto non solo erano preannunciati dal sibilo, ma si scorgevano da distante per il loro candore. E così le loro sentinelle, piazzate sulle torri, allorché l'ordigno veniva caricato e partiva il proiettile, davano l'allarme. Subito coloro su cui stava per piombare si sparpagliavano e si gettavano a terra, in modo che il proiettile li sorvolava senza causare danni e cadeva alle loro spalle. Allora i Romani ricorsero all'espediente di colorare il proiettile di nero, e poiché in tal modo non era più tanto facile scorgerlo da lontano, essi piazzarono molti colpi e mieterono parecchie vittime insieme con un sol colpo. Ma, pur subendo tali perdite, i Daci non permettevano ai Romani di innalzare tranquillamente i terrapieni e ricorrendo ad ogni forma di astuzia e di coraggio li sottoponevano ad azioni di disturbo di giorno e di notte.

[14]²³⁰

Perfectis autem operibus, plumbo et lino ab aggeribus iacto, fabri quod erat ad murum spacium metiuntur; nec enim alioqui id fieri poterat, quoniam desuper telis petebantur. Cumque pares intervallo arietes invenissent, eos applicant: propiusque dispositis machinis, ego, ne ex muro arietes prohiberentur, ex IV partibus murum pulsari iussi. Sonitu autem circunstrepente civitatem, clamor ingens civium sublatus est, itemque hostes pavor invasit.

[15]²³¹

Quattuor turres quinquage num cubitorum construi iussi, ut his per aggeres singulos positis, hinc hostes in muro stantes facilius in fugam verteret.

[16]²³²

Daci quidem caetera fortiter sustinentes, male turribus affecti sunt. machinis enim levioribus, et iaculatoribus, ac sagittariis, saxorumque tormentis inde feriebantur. Sed neque harum aequare ipsi poterant celsitudinem, et turres excidendi spes non erat, cumque neque everti propter gravitatem, ne que incendi propterea quod ferro tegebantur, facile possent, ultra iactum teli fugientes, arietum impetus non vetabant: qui sine intermissione ferientes, paulatim aliquid proficiebant. Itaque muro iam cedente magno arieti Romanorum.

---

²³⁰ RUFINO, *Guerra Giudaica*, V, 6, 4.
²³¹ RUFINO, *Guerra Giudaica*, V, 7, 1.
²³² RUFINO, *Guerra Giudaica*, V, 7, 2.

Innalzati tuttavia i terrapieni, i genieri ne misurarono la distanza dal muro scagliando un piombino legato ad un filo, né vi era un'altra maniera, essendo essi bersagliati dall'alto. E quando furono trovati i punti, ad intervalli regolari, contro cui far agire gli arieti, essi vennero messi all'opera. Poi ordinai di avvicinare le artiglierie per impedire ai nemici di disturbare l'azione degli arieti e diedi l'ordine di battere le mura da quattro postazioni differenti. Il fragore rimbombò da tutte le parti per la città, si levò un grande clamore dai cittadini e al contempo il terrore invase i nemici.

Ordinai di costruire quattro torri alte cinquanta cubiti ciascuna, collocandole su ognuno dei terrapieni per volgere più facilmente in fuga i difensori delle mura.

I Daci, che per il resto opponevano una valorosa resistenza, subivano gravi perdite a causa delle torri: erano infatti esposti al tiro delle macchine più leggere posizionate sopra di esse, oltre che dei lanciatori di giavellotto, degli arcieri e dei frombolieri. Essi non arrivavano a rispondere ai colpi di costoro per via della grande altezza né erano in grado di eliminare le torri, non potendo abbatterle facilmente per la loro mole e nemmeno incendiarle dato che erano rivestite di ferro. Se poi si ritiravano fuori tiro non potevano più ostacolare l'azione degli arieti, i cui colpi incessanti producevano sempre più effetto. E così le mura iniziarono già a cedere di fronte al più grande degli arieti romani.

[17]²³³

Itaque ego murum circumiens, simulque extra teli iactum stans, unde exaudiri facilius posset, multis oravi, ut sibi ac populo parcerent, sepulchris avorum ac patriae, neve contra haec fierent alienigenis duriores. Romanos enim multa sancta revereri, cum quibus nulla sibi societas esset, manusque suas ad hoc usque cohibere. Ipsos vero in his edoctos, cum servare possent, sponte ad eorum interitum ruere: Romanorumque vires cognoscerent sustinere non posse. Nam licet pulchrum sit pro libertate pugnare, tamen id in principio decere fieri. Semel autem subditum, qui paruisset Imperio, iugum excutientem, malae mortis cupidum, non libertatis amatorem videri. Debere autem dedignari dominos humiliores, non quorum in potestate sunt omnia. Nam quid Romanos effugisse, nisi quod propter aestus aut frigora esset inutile? Imo vero transisse ad eos undique fortunam, deumque per singulas nationes ducentem imperium, nunc esse in Italia. Hanc autem validissimam legem, tam feris bestiis quam hominibus esse praefinitam, potentioribus cedere: apud eosque esse victoriam, apud quos robur fuerit armatorum. Cives autem etiam si muros integros haberent, excidio pariter affecti sint.

---

²³³ RUFINO, *Guerra Giudaica*, V, 9, 2.

Seguendo il perimetro delle mura ad una distanza che mi permetteva di essere fuori tiro e insieme di farmi sentire, scongiurai lungamente i Daci di risparmiare se stessi e il popolo, di risparmiare la patria e le tombe degli antenati, e di non nutrire per tutto ciò un'indifferenza maggiore di quella degli stranieri. I Romani, pur non avendovi alcun interesse, rispettavano i luoghi sacri dei nemici e finora avevano risparmiato molti templi. Si adoperavano per la loro distruzione, invece, coloro che vi erano cresciuti in mezzo e che avrebbero continuato a goderne il possesso se si fossero salvati: dovevano ben saper di non poter sostenere la forza dei Romani. Era certamente bello combattere per la libertà, ma bisognava farlo al principio: ora, una volta sottomessi e soggiogati, il voler scuotere il giogo non era da persone amanti della libertà, ma da persone che volevano fare una brutta fine. Si dovevano certo disprezzare padroni di poco conto, ma non quelli che dominavano il mondo intero. Che cosa era rimasto fuori dall'Impero Romano se non qualche landa desolata per il troppo caldo o per il troppo freddo? La Fortuna era passata ovunque dalla loro parte, e la divinità che assegna a turno il comando fra le nazioni si era ora fermata in Italia. La suprema legge, in vigore presso le bestie così come fra gli esseri umani, era quella di cedere al più forte, e che di dominare spettava a chi aveva armi più potenti. Su cosa poi facevano affidamento per resistere, dato che la città era già quasi espugnata e gli abitanti, sebbene le mura rimanessero ancora integre, si trovavano peggio che se fossero tati sconfitti?

Nec enim latere Romanos, quae fames teneat civitatem: et modo quidem consumi populum, continuo vero etiam bellatores interituros: nam etsi Romani desierint, et ab obsidione cessave rint, neque civitatem strictis gladiis irruerint, Dacis tamen inexpugnabile bellum intus assidere, quod horis singulis ale retur: nisi forte contra famem quoque arma caperent ac dimicarent, solique possent etiam infortunium superare. His addedi, optimum esse ante intolerabilem calamitatem mu tare sententiam: dumque liceret, salutare consilium sequi. Nec enim antea gestorum causa succensere Romanos, nisi ad finem usque insolentes essent: natura eos esse in imperio mansuetos, atque iracundiae praeferre quod utile est. Utile autem putare, neque civitatem vacuam viris, neque desertam habere provinciam: idcirco velle Senatum me praesente cum his dexteram iungere: nec enim cuiquam salutem daturum si vi ceperit civitatem, praesertim qui nec in extremis ei cladibus rogati paruerint. Famem quoque pro Romanis pugnaturam.

Non sfuggiva ai Romani che nella città si soffriva la fame, la quale per il momento decimava il popolo, ma ben presto avrebbe fatto strage anche fra i difensori e se anche i Romani avessero interrotto le operazioni di assedio e non si fossero scagliati in armi contro la città, loro avevano dentro casa un nemico imbattibile che cresceva ogni giorno di più: a meno che essi non potessero scendere in campo anche contro la fame e vincerne, essi soli, i patimenti. Aggiunsi che era cosa bella cambiare idea prima di un disastro irreparabile e volgersi a salutari considerazioni finché si era ancora in tempo. I Romani non avrebbero portato loro rancore per il passato purché non avessero persistito fino in fondo nel loro atteggiamento tracotante. Essi erano per natura miti con i vinti e al desiderio di vendetta anteponevano la considerazione del proprio vantaggio. Quest'ultimo non consisteva nell'impadronirsi di una città spopolata né di un territorio devastato, e perciò il Senato, per mio tramite, seguitava a tendere loro la mano per trattare: se la città fosse stata presa d'assalto non sarebbe stato risparmiato nessuno, specialmente dopo che avevano respinto i miei appelli dopo essersi trovati sull'orlo della catastrofe. La fame inoltre li avrebbe domati al posto dei Romani.

[18]²³⁴

Erecto autem propemodum aggere, pauloque minus aequato propugnaculis, indignum esse ratus Decebalus, nihil contra moliri, quod oppido saluti foret, convocat fabros, murumque altius jubet extolli. Cumque illi tam multis obstantibus iaculis minime aedificare posse affirmarent, hanc eis defensionem excogitavit. Sudibus fixis, per eos boum coria recentia extendi praecepit, quae emissos tormentis lapides sinuata susciperent, quibusque repulsa tela caetera dilaberentur, et ignis humore lang[uesceret]. hisque ante fabros oppo sitis, illi murum die noctuque operando, ad viginti cubitorum altitudinem erexerunt, crebris etiam turribus in eo constructis, minisque validissimis aptatis. Quae quidem res Romanis jam intra civitatem se esse credentibus, magnum moerorem comparavit, tam Decebali molitione, quam oppidanorum obstinatione perterritis.
Igitur Daci, iam recepta ex munitione fiducia, Romanos ultro incursabant: inque dies singulos proelia catervatim, et cuiusque modi latrocinales doli, et eorum quae casus obtulisset rapinae, aliorumque incendia fiebant: donec ego, retento milite a pugna, statuii obsidere civitatem, ut eam usui necessariorum penuria caperem. Aut enim coactos inopia nobis supplicaturos, aut si ad finem usque in eadem pertinacia duravissent, fame consumendos eus habitatores putabam: multoque faciliores expugnatu fore, si post intervallum rursus anxiis incubuissem. Itaque omnes exitus eorum asservari praecepi.

---

²³⁴ RUFINO, *Guerra Giudaica*, III, 7, 10-11-12-19-23-24-27-28.

Oramai il terrapieno era cresciuto fino quasi a raggiungere la merlatura delle mura; allora Decebalo, reputando cosa indegna non tentare nulla per salvare la città, radunò i lavoratori e ordinò loro di accrescere l'altezza delle mura. E quando costoro gli fecero osservare che era impossibile lavorare sotto una gragnola di colpi tanto fitta, egli escogitò questo modo per tenerli al riparo: sulla sommità del muro comandò di disporre una fila di pali e di appendervi pelli di buoi da poco scuoiati, cosicché queste attutissero con le loro pieghe i colpi delle pietre scagliate dalle macchine e frenassero anche gli altri proiettili, smorzando al contempo pure il fuoco grazie alla loro umidità. Difesi da questo riparo, i lavoratoti si misero all'opera giorno e notte, così innalzarono il mura per un'altezza di circa venti cubiti, e vi inserirono molte torri, completandolo con una poderosa merlatura. Nei Romani, che già si vedevano penetrati nella città, ciò fu causa di grande scoraggiamento, ed essi rimasero colpiti dall'abilità di Decebalo e dall'ostinazione dei difensori.

I Daci dunque, ripreso coraggio a seguito del lavoro di fortificazione del muro, compivano sortite contro i Romani, ed ogni giorno avevano luogo attacchi da parte di piccoli gruppi che facevano ricorso a tutte le tattiche della guerriglia, depredando ciò che trovavano ed appiccando fuoco a tutto il resto, finché io, dopo aver ordinato di sospendere le operazioni di attacco, decisi di rafforzare il blocco, prendendo la città per fame: infatti, o costretti dalla necessità ci avrebbero implorato, o – se resistevano ad oltranza – sarebbero periti di inedia; se poi, dopo la pausa nelle operazioni, mi fossi gettato nuovamente all'attacco, speravo di poter piegare più facilmente la resistenza dei nemici ormai sfiniti dalle privazioni. Diedi pertanto l'ordine di sorvegliare tutte le vie d'uscita dalla città.

Illi autem frumenti quidem aliarumque omnium rerum intus habebant copiam. Aquae vero penuria eos affligebat: quia neque fons erat intra civitatem, et imbre contentis habitatoribus. Etiam hoc vehementius afficiebantur, quod arcendae siti fuerat excogitatum: quodque fieri, velut omnis aqua iam defecisset, aegre ferebant. Decebalus enim cum et civitatem videret abundare aliis rebus fortesque animo viros esse, quo longiorem Romanis obsidionem faceret, quam sperabant, iam tum potum mensura civibus ministrabat. illis autem conservari aquam penuria gravius esse videbatur: amplioremque cupiditatem movebat, quod ius bibendi liberum non haberent: ac velut ad extremam sitim perventum esset, labori cedebant. Hoc autem modo affecti, Romanos latere non poterant, qui ex adverso colle trans murum in unum eos confluere locum, et aquae mensuram accipere prospectabant: quo etiam balistarum pervenientibus telis, plurimos occidebant. Igitur ultro me existimans longitudine temporis, hostiumque incursibus obsideri, cum prope iam muris aggeres aequarentur, denuo arietem admovere decrevi. Est autem aries immensa materia, malo navis assimilis: cuius summum gravi ferro solidatum est, in arietis effigiem fabri cato, unde etiam nomen accepit. Dependet autem funibus medius ex trabe alia, velut ex trutina, palis utrinque fultus, bene fundatis. retrorsum autem magna virorum multitudine repulsus, iisdemque simul rursus impellentibus missus, in fronte prominente ferro moenia percuti: nec est ulla tam valida turris, aut murorum ambitus adeo latus, ut etsi priores ictus fortiter sustinuerit, assiduos vincat.

Quelli avevano abbondanza di grano e di tutto il resto, ma scarseggiavano d'acqua perché in città non si trovava alcuna sorgente e gli abitanti disponevano soltanto dell'acqua piovana. Anche al pensiero di ciò furono presi da un gran scoramento e già soffrivano come se l'acqua fosse terminata. Infatti Decebalo, vedendo che la città era rifornita in abbondanza di tutto il resto e che gli uomini erano pieni di ardore, nell'intento di prolungare l'assedio contro le aspettative dei Romani, aveva ben presto iniziato a razionare l'acqua ai cittadini. Ma quelli sentivano il razionamento più insopportabile della penuria e il non essere liberi di regolarsi da sé cresceva il desiderio di bere, e si tormentavano come se fossero giunti all'estremo limite della sete. Una tale situazione non fuggiva ai Romani che, spingendo lo sguardo oltre le mura dalle alture circostanti, li vedevano radunarsi in un unico luogo per ricevere la razione d'acqua, e molti ne uccidevano pure, colpendoli con le catapulte.

Stimando dunque fra me e me che per il protrarsi del tempo e per le perdite causate dalle sortite ero io che soffrivo i danni dell'assedio, e poiché ormai il terrapieno era sul punto di raggiungere l'altezza delle mura, decisi di far entrare in azione nuovamente l'ariete. Esso consiste in una trave di enorme grandezza, simile all'albero di una nave; sulla punta è rinforzato da una gran massa di metallo a forma di testa d'ariete, da cui prende il nome. È sospeso tramite delle funi nel punto mediano, come l'asta di una bilancia, sorretta ad un'altra trave alle due estremità di cavalletti di sostegno. Tirato indietro da un gran numero di serventi, che poi lo spingono in avanti tutti insieme, batte le mura con la punta di ferro. E non esiste torre né cinta muraria tanto spessa che, anche se riesce a sopportarne i primi colpi, possa resistere ad un martellamento incessante.

Ad huius periculum rei me transire placui vi capere oppidum properanti: quoniam perniciosa videbatur obsidio, Dacis minime quiescentibus. Itaque Romani quidem balistis caeterisque missilium machinis, ut facilius ferirentur qui de muris obstare ten tassent, propius adhibitis utebantu: neque sagittarii aut funditores longius aberant. cum vero ea causa muros nemo aude ret ascendere, ipsi arietem applicant cratibus desuper itemque pellibus septum, tam pro sui defensione quam machinae. Et primo quidem impetu moenia concussa sunt: clamorque oppidanorum, velut iam capti essent, maximus factus est.

Decebalus autem cum suis, licet assiduis balistarum itemque tormentorum ictibus caderent, nequaquam tamen deterrebantur a muro: sed flammis et ferro et saxis eos appetebant, qui arietem protecti cratibus impellerent. Nihil autem, aut parum proficiebant, cum sine intermissione pro cumberent in conspectu hostium positi, quos ipsi contra videre non possent. Nam et suis ignibus collucebant, tanquam si dies esset, et certum erant hostibus signum quo tela dirigerent: machinisque procul non apparentibus, missilia cavere non poterant. Ergo propterea tam catapultarum quam iaculorum vi simul multi transfigebantur: missaque machinis saxa et murorum primas auferebant, et frangebant angulos turrium. virorum autem nulli tam fortiter constipati erant, ut non usque ad extremam aciem saxi magnitudine ac violentia sternerentur. Ergo machinis terribilior erat impetus, et missilium strepitus. Crebri autem mortui, cum per muros deiicerentur, so nabant. et acerbissimus quidem intus excitabatur mulierum clamor: extrinsecus autem occumbentium gemitus concrepabant: totusque ambitus muri, ad quem pugnabatur, sanguine confluebat: iamque ascendi poterat congestione cadaverum.

A questo mezzo mi piacque fare ricorso volendo affrettare la presa della città, visto che il blocco causava tanti danni per l'intraprendenza dei Daci. Così i Romani appressarono ulteriormente le catapulte e le altre macchine lanciamissili per colpire quelli che dall'alto del muro cercavano di opporre resistenza, ed aprirono il tiro supportati anche dagli arcieri e dai frombolieri. Sotto questa gragnola di colpi nessuno osò affacciarsi al muro, mentre altri accostavano l'ariete, che era riparato da uno spesso strato di graticci rivestito di pelli a difesa degli uomini e della macchina. Al primo colpo il muro tremò e da quelli di dentro si levò un altissimo grido, come se fossero già stati vinti. Tuttavia gli uomini di Decebalo, ebbene cadessero gli uni sugli altri colpiti dalle catapulte e dalle baliste, non si ritiravano per questo dal muro, ma bersagliavano con fuoco, ferro e pietre quelli che azionavano l'ariete al riparo dei graticci. Concludevano però poco o nulla, e ne morivano in continuazione, perché loro erano in vista mentre gli avversari restavano in ombra. Infatti essi, illuminati dai loro stessi fuochi, offrivano un bersaglio nitido ai nemici, come se fosse giorno, e poiché le macchine non si scorgevano da lontano, era difficile schivare i loro proiettili. La violenza delle baliste e delle catapulte abbatteva molti uomini con un unico colpo, ed i proiettili sibilanti scagliati dall'ordigno sfondavano i parapetti e scheggiavano gli spigoli delle torri. Non esiste schiera di combattenti così salda che non possa essere travolta sino all'ultima fila dalla violenza e dalla grandezza di tali proiettili. Tale era la forza della balista ed ancora più spaventoso il fragore dei proiettili. C'era poi il tonfo dei morti che cadevano dalle mura l'uno sull'altro, e dall'iterno si levava lo straziante grido delle donne, cui faceva eco all'esterno il gemito dei moribondi. Tutto il settore del muro davanti a cui si combatteva era inzuppato di sangue, e lo si poteva scavalcare dando la scalata ai cadaveri.

Plurimi quidem pro Sarmizegetusa decertantes, fortiter ceciderunt, plurimi etiam sauciati sunt, et tamen vix circa matutinas vigilias murus assiduis machinarum ictibus cessit. Tumque Daci quidem corporibus atque armis eam partem, quae deiecta fuerat, priusquam Romani pontes apponerent, munierunt.

Mane autem ad occupandam civitatem iam ducebam exercitum, ex nocturno labore paulum recreatum. Cupiens de convulsa muri parte alios propugnatores depellere, equitum quidem fortissimos equis depositos trifariam collocavi: ut tecti armis dirutum latus undique obsiderent, contosque praetenderen: et cum pontes admoveri coepissent, ipsi priores introirent. Post illos autem pedites validissimos ordinavi. Reliquam vero equitum multitudi nem secundum muri spatium distendi, ne quis fugiens excidium civitatis lateret. Deinde qui hos sequerentur constitui sagittarios, paratas sagittas habere iussos, funditores quoque similiter, et appositos machinis. Aliis autem integris muri partibus scalas applicare praecepi, ut qui hos prohibere tentassent, deiectae partis defensionem relinquerent, caeterique omnibus simul telis oppressi, violentiae irrumpentium cederent.

Simul autem ac tubicines universarum legionum con sonuerunt, et graviter infremuit exercitus: signoque dato, missis undique sagittis lux obscurari coepit.

Moltissimi di coloro che combattevano in difesa di Sarmizegetusa caddero valorosamente, e numerosissimi furono anche i feriti; infine, verso l'ora del cambio della guardia mattutino, il muro – battuto in continuazione dalle macchine – cedette. I Daci ostruirono la breccia con i loro corpi e con le armi, e continuarono ad opporre resistenza prima che i Romani potessero posizionare i ponti per dare la scalata.

Dunque al mattino, dopo aver concesso all'esercito un breve riposo dalle fatiche della notte, lo radunai per sferrare un assalto alla città. Volendo strappare dalla breccia i difensori, feci smontare da cavallo i più valorosi dei cavalieri e li disposi in tre gruppi di fronte alla porzione del muro che era crollata, tutti ricoperti dalle armature e con le lance in resta, con l'ordine di iniziare ad entrare in città quando fossero stati sistemati i ponti. Alle loro spalle collocai la parte più valida della fanteria, mentre il resto delle forze a cavallo lo posi di fronte alle mura, affinché nessuno di quelli che fossero sfuggiti all'espugnazione della città potesse trovare scampo. Ancora dietro schierai in semicerchio gli arcieri con l'ordine di tenere le armi pronte al tiro, e così anche i frombolieri e i serventi delle macchine, e poi gli altri a cui avevo ordinato di sollevare delle scale e di appoggiarle alla parte del muro ancora intatta, cosicché coloro che sarebbero accorsi a respingerli avrebbero dovuto abbandonare la difesa della breccia e gli altri, travolti da un nugolo di dardi, sarebbero stati costretti a cedere alla violenza dell'assalto.

All'unisono i trombettieri di tutte le legioni lanciarono gli squilli a cui rispose spaventoso il grido di guerra dell'esercito, e quando, ad un determinato segnale, da ogni parte vennero scagliati i proiettili, la luce ne restò oscurata.

Daci contra sagittarum vulnera corporibus communitis, cum admoverentur pontium machinae, ipsi eas cursu, et antequam hostes pedem in his ponerent, occupant: eosque ascendere nitentes praelio deturbant, varia manuum itemque animi faci nora demonstrantes: et ne vel in extremis calamitatibus de teriores illis viderentur, qui sine periculo fortes contra se essent, curabant. Nec prius a Romanis divellebantur, quam vel caderent vel occiderent. Itaque Dacis perpetuo dimicantibus, cum nec unde mutarent propugnatores haberent, defessis autem Romanorum assidue substituerentur, proque his quos violentia repulissent, alii succederent, invicem se adhortati latera copulant: protectique desuper longioribus scutis, inexpugnabilis globus effecti sunt: totaque acie velut uno corpore repellendo Dacos, muro iam pedem ponebant.

Tum Decebalus, his rerum angustiis consilio necessi tatis adhibito, machinis excogitandis cum desperatione sti mulatur: ferventique oleo perfundi milites iubet, scutorum coniunctione defensos. id autem Daci multi, qui et paratum haberent, et plurimum, cito Romanis infundunt: ipsis etiam in eos ahenis missis calore bullientibus. Haec res Romanorum ardentium aciem dissipavit, et cum dolore saevissimo de volvebantur a muro. Siquidem facile a vertice ad pedes usque sub armatura oleum per totum corpus fluebat, carnemque non secus ac flamma depascebatur. Thoracibus autem et galeis illigatis incendii fuga non erat. Nunc autem salientes, nunc incurvati dolore, de pontibus decidebant. Ad suos autem contranitentes tuto recedere non poterant, quoniam facile ab insequentibus vulnerabantur.

I Daci ripararono i loro corpi dai dardi, poi, quando vennero accostati i ponti, si precipitarono attraverso di essi prima che vi potessero metter piedi quelli che li avevano accostati e, aggrediti quelli che vi salivano, compirono ogni sorta di atti di valore e di eroismo, cercando nell'estrema sventura di non apparire da meno di chi si batteva senza essere ridotto alla disperazione. Cosicché non si separavano dai Romani prima di cadere morti o di averli uccisi. Però, mentre i Daci si esaurivano in quella mischia senza tregua perché non disponevano di chi desse loro il cambio in prima linea, i Romani sostituivano quelli che erano stanchi con truppe fresche e a coloro che erano respinti facevano immediatamente subentrare altri; incitandosi l'uno con l'altro e stringendosi fianco a fianco e riparandosi sulle teste con gli scudi si disponevano in una formazione compatta che raccoglieva tutti i fanti in un'unica schiera e che, obbligando i Daci ad arretrare, stava ormai per mettere piede sul muro. Allora Decebalo, affidandosi in quei momenti di angustia all'ispirazione della necessità, che è particolarmente adatta ad aguzzare l'ingegno sotto la spinta della disperazione, ordinò di rovesciare olio bollente sopra la formazione ricoperta dagli scudi. Immediatamente i suoi uomini, che l'avevano già preparato, ne versarono in grande quantità da ogni parte addosso ai Romani, scagliando giù infine anche i recipienti arroventati dal fuoco. Ciò scompaginò la formazione dei Romani, che piagati dalle ustioni si rotolavano giù dal muro fra atroci sofferenze; l'olio infatti si infiltrava molto facilmente al di sotto delle armature in tutto il corpo, dalla testa ai piedi, e bruciava la carne non meno di una fiamma, essendo per natura. Rivestiti dalle corazze e dagli elmi, quelli non avevano scampo dalle ustioni, ma saltando e contorcendosi dal dolore saltavano giù dai ponti. Quanti poi si voltavano per sfuggire, ne erano impediti dalla schiera dei commilitoni che premeva in avanti, ed offrivano un facile bersaglio al nemico inseguitore, che li colpiva alle spalle.

[19][235]

Alii Romani milites interea muniti oppidi muros conscendere tentaverunt, quos valide Daci propulerunt, sagittas et ingentia saxa in oppugnatores devolventes. Scalas ligneas nostri admoverunt, ad murorumque moenia evaserunt, multos oppidanorum eo impetu trucidantes; interim funditores, lapidibus fundis proiectis, Dacos ad muros accedere prohibebant: sic cruor ubique diffunditur. Romanus milites nomine † caput hostis, unico gladii ictu amputavit, truncum super muro cadaver relinquens. Etiam adolescens nepos regis Decebalis strenue dimicans hic occubuit.

[20][236]

Miles mihi nunciatum venit, acriter hostes intra oppidum munitissimum se tueri, Romanos continuis oppugnationibus cadere, in periculoque non levi versari, nisi suppetias illis quamprimum ferret. Proinde opus esse nova continuo auxilia submittere. Haec re cognita ego praetorianorum agmine accurri, ut copiis interim universis collectis, cum integro exercitu hostili confligeret.

---

[235] CIACONIO, *Historia*, 283.
[236] CIACONIO, *Historia*, 284.

Altri soldati romani, frattanto, tentarono di dare la scalata agli spalti fortificati delle mura, che i Daci difendevano strenuamente, scagliando contro gli assalitori dardi e grandi massi. I nostri vi appoggiarono le scale, salirono lungo il muro e con quell'assalto trucidarono un gran numero di difensori; i frombolieri, inoltre, lanciando sassi con le loro fionde impedivano ai Daci di accostarsi agli spalti, sicché il sangue scorreva dappertutto. Un soldato romano di nome † troncò la testa di un nemico con un sol colpo di spada, abbandonandone il cadavere decapitato sopra le mura. Anche un giovanissimo nipote di re Decebalo cadde in quel luogo combattendo valorosamente[237].

Un soldato inviato come messaggero venne da me, annunziandomi che i nemici asseragliati fra le mura si stavano difendendo con rabbia, che i Romani cadevano continuamente nel combattimento ingaggiato contro di essi e che versavano in un pericolo non trascurabile, a meno che non fossero inviati loro quanto prima dei rinforzi. Venuto a conoscenza di ciò accorsi con la schiera dei pretoriani, cosicché – dopo aver radunato tutti le truppe sparpagliate qua e là – ci si potesse lanciare con l'intera armata contro il nemico.

---

[237] Il testo del Ciaconio non identifica chi fosse questo " *pulcher adulescens*", ma la delicatezza delle fattezze raffigurata nella Colonna e l'enfasi che è data dai rilievi alla sua morte fa sospettare che fosse un nobile o – come congetturiamo qui – un giovane familiare di Decebalo.

[21]²³⁸

Sed in pontibus quoque neque Romanis virtus in rebus adversis, nec Dacis prudentia defuit. Romani enim licet oleo perfusi mirabilia pati viderentur, tamen in eos, qui perfuderant ferebantur, praecedentem quisque incursando, tanquam ipse impetum retardaret.

[22]²³⁹

Hora igitur quae fuerat indicata, Romani silentio muros petiverunt: primusque incessi ego cum uno praefectus praetorianorum Claudio Liviano, paucis ex decima legione comitati quoque. Interfectis autem vigilibus, in civitatem ingressi sumus, et post eos Terentius Scaurianus dux, et Quietus, subiectos sibi milites introduxerunt. Arce vero occupata, cum nostri in medio oppido versarentur, iamque plane dies esset, ne tunc quidem illi qui capti tenerentur, adhuc excidium sentiebant, multo labore somnoque pariter dissoluti. Donec totus irrupit exercitus: soloque malorum periculo exsuscitati sunt, morientesque demum se periisse crediderunt. Romanos autem memores quid obsidionis tempore pertulissent, neque parcendi cuiquam, neque miserendi quenquam tangebat cura: sed ex arce plebem ad prona compulsam facillime trucidabant, ubi loci difficultas pugnacibus quoque negaret copiam resistendi. Viarum nam que angustiis pressi, ac per declivia dilabentes, fluente de super bello obterebantur. Id multos etiam qui circa Decebalum lecti erant, ut manibus propriis liberarentur incitavit. Nam cum se viderent Romanorum neminem posse occidere, ne Romanorum manibus oppeterent, praevenerunt, et in ex trema parte civitatis congregati, semet interfecerunt. Decebalus, cum paucis comitibus, ex urbe capta fugit.

---

238 RUFINO, *Guerra Giudaica*, III, 7, 29.
239 RUFINO, *Guerra Giudaica*, III, 7, 34.

Ma nemmeno sui ponti, in tale frangente, non mancò ai Romani il valore né ai Daci l'avvedutezza: i primi, pur vedendo le orrende sofferenze degli ustionati, si scagliavano nondimeno contro coloro che erano intenti a versare l'olio, ciascuno imprecando contro chi aveva davanti perché ne ostacolava l'impeto.

All'ora indicata, dunque, i Romani si avvicinarono al muro. Per primo vi salii io, assieme con il prefetto del pretorio Claudio Liviano, accompagnati anche da pochi uomini della X legione. Dopo aver trucidato le sentinelle, questi ultimi ufficiali introdussero in città i loro soldati, e dietro di loro vennero il generale Decimo Scauriano e Quieto. La rocca era già stata occupata ed i nostri già si aggiravano per le case, già si era fatto giorno, eppure i nemici non si erano ancora accorti di essere stati presi. I più erano infatti preda della stanchezza e del sonno. Alla fine, quando l'intero esercito fu penerato in città, si destarono, ma solo per rendersi conto che era giunta la fine, e dal loro massacro capirono che erano perduti. I Romani, memori di ciò che avevano patito per tutto il tempo dell'assedio, non ebbero alcuna pietà per alcuno, ma incalzando il popolo giù dalla rocca per gli scoscesi pendii ne facevano strage. A questo punto la difficoltà del terreno tolse ogni possibilità di resistenza a quelli che erano ancora in grado di combattere. Stipati infatti nei vicoli angusti, e scivolando lungo i pendii, vennero sopraffatti dalle ondate dei legionari che piombavano dall'alto. Ciò spinse al suicidio anche molti di coloro che erano al seguito di Decebalo: vedendo infatti che non gli era possibile uccidere alcun Romano, non vollero cadere per mano dei nostri e raccoltisi alla periferia della città sii diedero la morte da sé. Decebalo, con pochi compagni, fuggì dalla città conquistata.

[23]²⁴⁰

Illo quidem die comparentem multitudinem peremere Romani, praeter infantes ac foeminas. Itaque captivi quidem mille ducenti congregati erant: quadraginta vero millia connumerata sunt excidii tempore et pugnis superioribus mortuorum. At ego civitatem ipsam exscindi iussi, castellaque eius omnia exussimus. Sarmizegethusa quidem ita devicta est VIII imperii mei, Commodus Cerialisque coss.

[24]²⁴¹

Regios thesauros, quos Decebalus subter vada Sargetis amnis, haud procul a regia occuluerat, invenimus. Fluvium namque rex, captivorum duntaxat manibus et opera de proprio cursu averterat atque suffossis deinde vadis, in specu magnam vim auri condiderat, preciosissima quaeque et eos liquores qui asservari poterant, eodem congerens. Quibus confectis, ne quispiam quae gessisset, sproloqui posset, omnes qui facti conscii erant, occidi iussit. At Biculis nomine captivus, comes regis, cui res cognita erat, thesauros indicavit. Inventos autem, equisque asportatos in castra, partim milibus distribui, partim fisco et aerario P.R. asservavi. Erat autem in his pleraque vasa aurea et argentea ingentis et mediocris magnitudinis, gemmae omnis generis et preciosa suppellex corbibus ornatissimis contenta.

---

²⁴⁰ RUFINO, *Guerra Giudaica*, III, 7, 36.
²⁴¹ CIACONIO, *Historia*, 308.

Quel giorno i Romani massacrarono tutti coloro che gli comparirono innanzi, tranne i bambini e le donne. E così raccolsero 1200 prigionieri, i morti, fra quelli dell'attacco finale e quelli degli scontri precedenti assommarono a 40.000. Ordinai che la città fosse distrutta, ed appiccammo il fuoco a tutti i suoi fortini. Così fu presa Sarmizegetusa nell'ottavo anno del mio governo, sotto il consolato di Commodo e Ceriale[242].

Ritrovammo i tesori del re, che Decebalo aveva nascosto sotto il letto del fiume Sargetis, poco lontano dalla capitale. Difatti il sovrano, con il solo lavoro dei prigionieri e di propria iniziativa aveva deviato il corso del fiume, ne aveva scavato una fossa nel letto e vi aveva posto una grande quantità di oro e di tutti quei materiali preziosi che l'acqua non avrebbe rovinato, fatto ciò, affinché nessuno di coloro che erano a conoscenza del segreto potesse rivelarlo, ordinò di ucciderli tutti. Ma un prigioniero di nome Biculis, compagno del re, a cui il fatto era noto, indicò [dov'erano celati] i tesori. Ritrovati poi diversi cavalli e condottili al campo, ne distribuii una parte ai soldati, e una parte la riservai all'erario del popolo romano. Era inoltre presente una gran quantità di vasellame d'oro e d'argento di grandi e medie dimensioni, pietre preziose di ogni genere e preziose suppellettili riccamente ornate.

---

[242] Nel 106 d.C.

Decebalus Sarmizegethusa regia amissa cunctaque fere in potestatem populi Romani provincia redacta, thesauris, quos abdiderat ereptis: concionem e suggesto ad suos milites habet, in qua fortunam suam nimis adversam conqueritur, nihil aerumnarum esse quod non forti animo tolerare decreverit, praeter servitutem et indignitatem regiae maiestati inferendam, proinde cum ab his calamitatibus se eruere nequeant, mortem sibi consciscere statuerit : quam ipsi debent ferre acceptam, quae momento temporis ab universis eximat malis. Haec cum Dacis proposuisset, abnuunt multi, sententiamque veluti duram decrectant, nonnulli acquiescunt, fidem observare, secumque commune periculum et necem subituros pollicentur.

Turma alae II Pannoniorum regem cum comitibus suius valde insecutus est; inter eques Tib. Claudius Maximus se festinabat adversus Dacos fugientes. Decebalus, fere captus a Romanis et maxima angustia pressus, desperatis cunctis rebus, manus sibi inferens, pugione ad pectus adacto, se interemit. Reguli Dacorum non pauci idem mortis genus iubeunt: dum quidam vulneribus se confodiunt, quidam alios provocant precibusque inducunt, ad necem alter alteri inferendam.

---

243 CIACONIO, *Historia*, 309-313.

Decebalo, dopo aver perduto la propria capitale ed essendo stato il suo paese ridotto quasi interamente in condizione di provincia del popolo romano, sottrattigli inoltre i tesori [dal nemico], rivolse, dalla sommità di un'altura, un discorso ai propri soldati, in cui lamentò che, nel suo destino avverso, non vi fosse nessuna afflizione che con forte animo non potesse sopportare, fatta eccezione per la schiavitù e l'umiliazione inferta alla sua maestà regale, e dato che a queste ultime disgrazie gli era negato sottrarsi, aveva stabilito di darsi la morte: che loro stessi accettassero la cosa, dato che essa – al momento opportuno – risparmia gli uomini dal subire qualsivoglia male. Avendo proposto quest'estrema soluzione ai Daci, molti rifiutarono di seguirlo, giudicando troppo dura questa decisione, alcuni invece acconsentirono, rispettando il proprio voto di fedeltà [al re], seguendolo e restando pronti a subire per esso anche la morte.

Uno squadrone dell'ala II Pannonica inseguì di gran lena il re con i suoi compagni e fra i cavalieri Tiberio Claudio Massimo si affrettava a tallonare i Daci fuggitivi. Decebalo, oramai quasi preso dai Romani e oppresso dalla somma angoscia, disperando di ogni cosa, portò di sua mano un pugnale contro il proprio petto e si suicidò. Non pochi capi dei Daci si infersero lo stesso genere di morte, infliggendosi chi per conto proprio i colpi mortali, chi provocando o inducendo altri a farlo, procurandosi in tal modo l'un l'altro la morte.

Claudius Maximus iam cepit Decebalum semivivus et post mortem regis capitem dexteramque eius pertulit mihi in Ranisstori oppidum. Ob virtutem eius bis donis donatus in bello.

Interea Daci non pauci propria sponte in potestatem SPQR se dedunt: me ita necis Decebali regis certiorem fecerunt.

Equitatus Pannoniorum equites Dacos non longe a Ranisstoro profligavit; ego postea quod fines hostium vastaret, diriperet atque subigeret iussi; multi in captivitatem ex primoribus redactis, manum dum eorum post terga revincit.

Ante praetorium in castris, caput Decebali regis et manus utrasque a cadavere abscissae Dacis captivis et militibus nostris maxima cum admiratione utrorumque ostenduntur, dum illi infelicis sortis miserti communem suam calamitatem deplorant, hi autem laetitia gestiunt, quod pacem et securitatem unius hostis acerrimi nece redemerit.

Claudio Massimo catturò Decebalo oramai moribondo e dopo la morte del re mi portò la sua testa e la mano destra nella fortezza di Ranisstoro. Per via del suo atto di valore ricevette due onorificenze nel corso della Guerra Dacica[244].

Nel frattempo non pochi Daci si consegnarono di loro spontanea volontà in potere del Senato e del popolo romano, la qual cosa mi rese così ancora più certo dell'effettiva morte di re Decebalo.

La cavalleria dei Pannoni sconfisse non lontano da Ranisstoro i cavalieri daci; in seguito io ordinai loro di devastare, soggiogare e razziare i territori dei nemici; molti fra i capi vennero fatti prigionieri e portati via con le mani legate dietro alla schiena.

La testa e la mano di Decebalo, mozzate dal suo cadavere, vennero esposte con la massima ammirazione davanti al pretorio, nell'accampamento, sia ai prigionieri daci che ai nostri soldati: mentre i primi deploravano l'infelice sorte di quel misero e al contempo la loro comune disgrazia, gli altri invece fecero mostra di gioia, poiché avevano recuperato la pace e la sicurezza grazie alla morte di un unico acerrimo nemico[245].

---

[244] *ANNEE ÉPIGRAPHIQUE*, 1974, 589.

[245] La testa di Decebalo venne poi mandata a Roma e gettata sulle scalinate delle Gemonie, ai piedi del Campidoglio, luogo riservato ai traditori, in quanto il re dace aveva infranto i giuramenti di pace siglati al termine del primo conflitto; da qui il capo mozzato venne successivamente gettato nel Tevere (L. ROSSI, *Rotocalchi di pietra*, Jaca Book, Milano 1980, p. 192).

[26]²⁴⁶

Reliquiae Dacorum, qui in montana et edita loca confugerant, a Romanorum militibus deletae sunt. Et qui obstinato animo rebelles supererant, in captivitatem misere abducti sunt in triumphum asservandi. Loca dein munitissima expugnatuque difficilia, Romanorum milites conscenderunt, universa diriperunt ac occupaverunt, licet adeo essent, quae vix nisi uris et alcibus essent pervia, quibus hi saltus abundabant.

[27]²⁴⁷

Reliquiis Dacorum subactis, Dacicaeque regionis facile Romani potiri, reguli se dederunt, captivi vincti ducti sunt urbes vacuas et a civibus fugientibus desertas, iidem diripuerunt, vastaverunt, ignique successerunt.
Cives urbium, quae in hostium potestatem venerant, ipsorumque praedae patuerant, alio fugientes commigraverunt, dulcia pignora, sarcinasque humeris portantes: armenta et pecora, illius et aetatis ac regionis praecipuas opes secum abduxerunt. Quos fugientes Romani milites persecuti sunt, non tamen adsequuti, libere provincia omni excesserunt.
Hoc secondo bello Dacico absoluto, Decebalo vita defuncto, proceribus captis partim, in amicitiam et fidem populi Romani partim susceptis, Dacia in provinciae formam redacta, praesidiis ubique locorum dispositis, arcibus dirutis, quae facile teneri haud poterant.

²⁴⁶ CIACONIO, *Historia*, 315.
²⁴⁷ CIACONIO, *Historia*, 319-320.

I resti dei Daci, che avevano trovato rifugio in località montane e sopraelevate, vennero annientati dai soldati romani. E coloro che resistevano con animo ribelle, vennero trascinati via miseramente, per essere asserviti nel corso del [successivo] trionfo. I soldati romani raggiunsero poi le postazioni più fortificate e difficili da espugnare, distruggendole ed occupandole tutte, anche se erano ardue da accostare, raggiunte a stento solo da bovini selvatici ed alci, che abbondavano fra quelle balze.

Sottomessi i restanti Daci, i Romani riuscirono con facilità ad impadronirsi della terra dacica: i capi tribù si arresero, i prigionieri vennero condotti via in catene, mentre le città, lasciate deserte dagli abitanti volti in fuga, vennero distrutte, devastate ed arse dagli incendi.

Gli abitanti delle città, che erano cadute in mano ai nemici, e che erano divenuti essi stessi preda degli invasori, decisero di fuggire a loro volta, portando quale dolce peso sulle spalle le loro masserizie: menarono via con sé greggi e pecore e coloro che per età [non potevano procedere da soli] e le principali loro ricchezze di quella regione. I fuggiaschi vennero inseguiti dai soldati romani, peraltro senza essere raggiunti, cosicché tutti costoro abbandonarono liberamente la provincia.

Conclusa questa seconda guerra dacica e una volta morto Decebalo, una parte dei suoi nobili venne condotta via prigioniera, ad un'altra invece venne concessa la resa da parte del popolo romano; la Dacia venne ridotta in stato di provincia, dei presidî vennero disposti in ogni luogo [opportuno] e le roccaforti che non sarebbe stato semplice controllare vennero distrutte.

SECUNDI BELLI DACICI IV LIBRIS EXPLICIT

**FINE DEL IV LIBRO DELLA SECONDA GUERRA
DACICA**

Indice dei nomi di persona

Scauriano (Decimo Terenzio), I, 20; I, 34; IV, 6
Senecione (Quinto Sosio), I, 20; I, 24; IV, 6
Sura (Lucio Licinio), I, 37; IV, 6
Susago, I, 44; II, 1
Traiano (Marco Ulpio), I, 21
Zamolxi, I, 7; I, 16

BIBLIOGRAFIA

Fonti

AGOSTINO, *La città di Dio*, a cura di L. Alici, Bompiani, Milano 2001

AMPELIO, *Memoriale*, con emendazioni, traduzione e note di P. Canal, dalla Tipografia di Giuseppe Antonelli Editore, Venezia 1841

ANONIMO DI WHITBY, *Vita di San Gregorio Magno*,<http://www.umilta.net/gregory.html> (aprile 2009)

APOLLODORO DI DAMASCO, *L'arte dell'assedio*, a cura di A. La Regina, Mondadori Electa, Milano 1999

APOLLONIO TIANEO, *Epistole e Frammenti*, a cura di F. Lo Cascio, Quaderni dell'Istituto Italiano di Studi bizantini e neoellenici, 12, Palermo 1984

APPIANO, *Storia Romana. Le Guerre Esterne* (2 voll.), volgarizzate da M. Mastrofini, Vincenzo Poggioli, Roma 1824

ARRIANO, *Parthica*, in C. MÜLLER (a cura di), *Fragmenta Historicorum Graecorum*, III, Editore Ambrosio Firmin Didot, Parisiis 1849

(COLLEGIO DEGLI) ARVALI, *Acta Fratrum Arvalium*, edidit quae post annum MDCCCLXXIV reperta sunt, commentario instruxit A. Pasoli, dott. C. Zuffi Editore, Bologna 1950

AULO GELLIO, *Notti attiche* (2 voll.), a cura di L. Rusca, Rizzoli, Milano 2001

AURELIO VITTORE, *Libro dei Cesari*, da "Aurelius Victor, Livre des Cesars", texte etabli et traduit par P. Dufraigne, Les Belles Lettres, Paris 2003

AURELIO VITTORE (PSEUDO), *Epitome de Caesaribus*, da "Pseudo-Aurélius Victor, *Abrégé des Césars*", texte établi, traduit et commenté par M. Festy, Les ro, Epifanio, Belles Lettres, Paris 2002

CASSIODORO, *Le Cronache*, a cura di M. Rizzotto, Runde Taarn, Gerenzano (Varese) 2007

CASSIODORO, EPIFANIO, *Antichità Giudaiche*, da "Flavius Josephus (Latin trans.), *Antiquities*", book/charter, eds. R.M. Pollard, J.

Timmermann, J. di Gregorio, and M. Laprade, 2013–
<sites.google.com/site/latinjosephus> *OR*
CESARE, *La Guerra Gallica*, introduzione e note di E. Barelli, traduzione di F. Brindisi, Rizzoli, Milano 2000
– *La Guerra Civile*, a cura di M. Bruno, Rizzoli, Milano 2000
CORPUS INSCRIPTIONUM LATINARUM (17 voll. in 73 tomi), consilio et auctoritate Academiae Litterarum (Scientiarum) Regiae Borussicae (Germanicae), apud Georgium Reimerum (Gualterus De Gruyter), Berolini, 1869-1987
(STATILIO) CRITONE, *Getica*, in C. MÜLLER (a cura di), *Fragmenta Historicorum Graecorum*, IV, Editore Ambrosio Firmin Didot, Parisiis 1851
DANTE ALIGHIERI, *La Divina Commedia*, commento e parafrasi di C.T. Dragone, Edizioni Paoline, Cinisello Balsamo (Milano) 1965[3]
DIONE CASSIO, *Istorie Romane* (5 voll.), tradotte da G. Viviani, Sonzogno, Milano 1823
– *Storia romana* (9 voll.), a cura di G. Norcio e altri, Rizzoli, Milano 1995-2018
DIONE DI PRUSA, *Orazioni I, II, III, IV («Sulla regalità»), orazione LXII («Sulla regalità e sulla tirannide»)*, supplemento n. 26 al "Bollettino dei Classici", Accademia Nazionale dei Lincei, Roma 2012
ERODOTO, *Storie* (4 voll.), a cura di F. Barberis, Garzanti, Milano 2006[5]
EUSEBIO DI CESAREA, *Chronicorum canonum libri II*, ediderunt A. Mai et I. Zohrabus, Regiis Typis, Mediolani 1818
- *Storia Ecclesiastica*, a cura di M. Ceva, Rusconi, Milano 1979
FASTI CONSOLARI, da "A. Degrassi (a cura di), *I Fasti Consolari dell'Impero Romano dal 30 avanti Cristo al 613 dopo Cristo*", Edizioni di Storia e Letteratura, Roma 1952
EUTROPIO, *Storia di Roma*, introduzione di F. Gasti, traduzione e note di F. Bordone, Rusconi Libri, Santarcangelo di Romagna (Rimini) 2014

(RUFIO) FESTO, *Breviarium rerum gestarum populi Romani*, da "Festus, *Abrégé des hauts faits du peuple romain*", texte établi et traduit par M.P. Arnaud-Lindet, Les Belles Lettres, Paris 2002
- *Breviario di storia romana*, a cura di S. Costa, La Vita Felice, Milano 2016

FILOSTRATO, *Vite dei sofisti*, a cura di M. Civiletti, Bompiani, Milano 2002

FOZIO, *Biblioteca*, introduzione di L. Canfora, a cura di N. Bianchi e C. Schiano, Edizioni della Normale, Pisa 2016

FLORO, *Epitome di Storia Romana*, a cura di E. Salomone Gaggero, Rusconi, Milano 1981

FRONTONE, *Lettere, Guerra Partica, I fondamenti della Storia, Vacanze ad Alsio*, in "Opere di Marco Cornelio Frontone", a cura di F. Portalupi, Utet, Torino 1979

GALENO, *De compositione medicamentorum per genera libri VII*, I. Andernaco interprete, apud Gulielmum Rovillium, Venezia 1552

GIORDANE, *Storia dei Goti*, a cura di E. Bartolini, TEA, Milano 1999

GIOVANNI ANTIOCHENO, *Fragmenta ex Historia Chronica*, a cura di U. Roberto, Walter de Gruyter, Berlino 2005

GIOVANNI DAMASCENO, *Su coloro che abbandonarono la vita col conforto della fede*, in "Ioannis Damascenum Opera" (2 voll.), per I. Billium, apud Guillelmum Chaudiere, Parisiis 1577

GIOVANNI DI EFESO, *Fragmenta*, in "L. Von Douwen (a cura di), *Johannis Episcopi Ephesi, Syri Monophysitae Commentarii de Beatis Orientalibus et Historia Ecclesiasticae Fragmenta*", Müller, Amsterdam 1889
- *Historia Ecclesiastica*, in "R. Payne Smith, *The Third Part of the Ecclesiastical History of John, Bishop of Ephesus*", Oxford University Press, Oxford 1860

GIOVANNI LIDO, *Le magistrature dello Stato Romano*, da "Jean le Lydien, *Des magistratures de l'État romain*" (2 voll.), texte établi, traduit et commenté par M. Dubuisson et J. Schamp, Les Belles Lettres, Paris 2006

GIOVENALE, *Satire* (2 voll.), a cura di G. Vitali, Zanichelli, Bologna 1990

GIROLAMO, *Chronicon*, da "G. Brugnoli (a cura di), *Curiosissimus Excerptor. Gli "Additamenta" di Geronimo ai "Chronica" di Eusebio*", Ets, Pisa 1995

GIULIANO IMPERATORE, *Simposio. I Cesari*, a cura di R. Sardiello, Mario Congedo, Lecce 2000

GIUSEPPE FLAVIO, *La Guerra Giudaica* (2 voll.), a cura di G. Vitucci, Fondazione Lorenzo Valla/Arnoldo Mondadori, Milano 2000

GLYKAS, *Annales*, editio emendatior et copiosior, consilio B.G.Niebuhrii C.F. instituta, auctoritate Academiae Litterarum Regiae Borussicae continuata, Corpus Scriptorum Historiae Byzantinae, Impensis ed. Weberi, Bonnae 1836

IGINO GROMATICO, *La fortificazione del campo*, in "G. Cascarino, *Castra. Campi e fortezze dell'esercito romano*", Il Cerchio, Rimini 2010, pp. 225-251

ISIDORO DI SIVIGLIA, *Chronicon*, da "*La* Cronaca Volgare Isidoriana, testo tre-quattrocentesco di area abruzzese", a cura di P. D'Achille, Deputazione Abruzzese di Storia Patria, L'Aquila 1982

– *Chronicon*, da "Isidore of Seville, *Chronicon*, English Translation, translated by Kenneth B. Wolf", 2004, traduzione integrale inglese dalla *Patrologia Latina* di J.P. Migne tratta dal sito http://www.ccel.org/ccel/pearse/morefathers/files/isidore_chronicon_01_trans.htm

ITINERARIO DI ALESSANDRO MAGNO, scoperto dall'Em. Card. A. Mai, ora ridotto a miglior lezione, tradotto per la prima volta ed illustrato con note dal Prof. Ab. G. Berengo, nel Privil. Stabilimento Nazionale di G. Antonelli Editore, Venezia 1851

LANDOLFO SAGACE, *Historia Romana* (2 voll.), a cura di A. Crivellucci, Tipografia del Senato, Roma 1912-1913

– *Le Historie seguenti a quelle d'Eutropio; De i fatti de' Romani Imperatori*, nuovamente tradotte di Latino in Italiano, per V. Tramezzino, col privilegio del Sommo Pontefice Paolo III e dell'illustrissimo Senato Veneto per anni X, Venezia 1548

LATTANZIO, *Come muoiono i persecutori*, a cura di M. Spinelli, Città Nuova, Roma 2005

MACROBIO, *I Saturnali*, a cura di N. Marinone, Utet, Torino 1962

MALALA, *Cronache*, da *"The Chronicle of John Malalas"*, a translation by E. Jeffreys, M.Jeffreys and R. Scott with B. Croke and Others, Australian Association for bizantine Studies, Melbourne 1986

MARIO MASSIMO, *Frammenti*, a cura di M. Rizzotto, Runde Taarn, Geenzano (Varese) 2006

MARZIALE, *Gli epigrammi*, a cura di C. Vivaldi, Newton Compton, Roma 1993

MOSÈ DI CORENE, *Storia*, Tipografia Armena di San Lazzaro, Venezia 1841

IL NOVELLINO, introduzione di G. Manganelli, Rizzoli, Milano 2006[6]

OROSIO, *Le Storie contro i pagani* (2 voll.), a cura di A. Lippold, Fondazione Lorenzo Valla/Arnoldo Mondadori, Milano 1998

OTTONE DI FRISINGA, *Chronica sive Historia de duabus civitatibus*, recognovit A. Hofmeister, Scriptores Rerum Germanicarum, Hannoverae-Lipsiae, 1912[2]

PAOLO DIACONO, *Historia Romana*, a cura di A. Crivellucci, Tipografia del Senato, Roma 1914

PLINIO IL GIOVANE, *Carteggio con Traiano*; *Panegirico a Traiano*, commento di L. Lenaz, traduzione di L. Rusca ed E. Faelli, Rizzoli, Milano 1994

- *Lettere ai familiari*, a cura di L. Lenza, Rizzoli, Milano 1994

PLUTARCO, *Le vite parallele* (4 voll.), tradotte da M. Adriani, Adriano Salani Editore, Firenze 1931

PRISCIANO, *Institutiones grammaticae* (2 voll.), ex recensione M. Hertz, Teubner, Lipsiae 1855

- *Institutiones grammaticae* (3 voll.) da PRISCIEN, *Grammaire*. Livre XIV - XV - XVI, Vrin, Paris 2013; PRISCIEN, *Grammaire. Livre XVII – Syntaxe I*, Vrin, Paris 2010; PRISCIEN, *Grammaire. Livre XVIII – Syntaxe II*, Vrin, Paris 2018

RUFINO, *Flavii Josephi De bello Judaico libri VII* (2 voll.), edidit E. Cardwell, Typ. Universitatis (J.H. Parker), Oxonii 1837

SIRIANO, *Discorsi di guerra*, a cura di I. Eramo, con una nota di L. Canfora, Edizioni Dedalo, Bari 2010

- *Tattica Navale*, per la prima volta tradotto e pubblicato dal Cav. Prof. F. Corazzini, coi tipi di P. Vannini e figlio, Pia Casa del Refugio, Livorno 1883

STORIA AUGUSTA, a cura di F. Roncoroni, Rusconi, Milano 1972

STRABONE, *Della Geografia* (5 voll.), tradotti dal greco e commentati da A. Mustoxidi, Sonzogno, Milano 1827

SUIDA, *Lexicon* (2 voll.), recensuit et annotatione critica instruxit G. Bernhardy, sumptibus Schwetschkiorum, Halis et Brunsvigae 1853

SVETONIO, *Vita dei Cesari*, introduzione di L. De Salvo, traduzioni di F. Casorati, D. Medici, R. Pagan, C. Valerio, Newton Compton, Roma 1995

TABULA PEUTINGERIANA, *Codex Videbonensis*, (a cura di G. Ciurletti), completa di tutti gli 11 segmenti nel formato originale 76X42, Edizioni U.C.T., Trento 1991

TACITO, *Annali* (2 voll.), a cura di C. Questa e B. Ceva, Rizzoli, Milano 1997

- *Storie*, introduzione di L. Storoni Mazzolani, cura e traduzione di G.D. Mazzocato, Newton Compton, Toma 1995

TERTULLIANO, *Apologia del Cristaianesimo – La carne di Cristo*, introduzioni di C. Moreschini e C. Micaelli, traduzione di L. Rusca e C. Micaelli, Rizzoli, Milano 1996

TOMMASO D'AQUINO, *Somma Teologica* (33 voll.), a cura di R. Coggi e al., Edizioni Studio Domenicano, Bologna 1992

TRAIANO IMPERATORE, *Dacica* (frammenti), da "H. PETER (a cura di), *Historicorum Romanorum Fragmenta*", Teubner, Lipsiae 1883

VALERIO MASSIMO, *Detti e fatti memorabili*, a cura di R. Faranda, Utet, Torino 2009

VEGEZIO, *L'arte della guerra*, a cura di L. Canali e M. Pellegrini, Mondadori, Milano 2001

(GIOVANNI) XIFILINO, *Vita dell'Imperatore Traiano (Historia Romana, libro LXVIII, 4-33)*, a cura di M. Rizzotto, Pagine Svelate, Gerenzano (Varese) 2010

ZONARA, *Epitome di Storie*, da "*Historia* di Giovanni Zonara, primo consigliero et capitano della Guardia Imperiale di Costantinopoli", divisa in tre parti, nuovamente tradotta dal greco per M. E. Fiorentino, appresso Lodovico de gli Avanzi, Venezia 1560

- *Epitome di Storie* (3 voll.), editio emendatior et copiosior, consilio B.G.Niebuhrii C.F. instituta, auctoritate Academiae Litterarum Regiae Borussicae continuata, Corpus Scriptorum Historiae Byzantinae, vol. XXVI, Impensis ed. Weberi, Bonnae 1897

Studi

D. ALMAŞ, *Decebal: eroul strămoşilor, strămoşul eroilor*, Editura Meridiane, Bucureşti 1972

J. ALVAR, J.M. BLASQUEZ (a cura di), *Traiano*, L'Erma di Bretschneider, Roma 2010

C.M. AMICI, *Foro di Traiano: basilica Ulpia e biblioteche*, Studi e materiali dei musei e dei monumenti comunali di Roma, X, Ripartizione Antichità Belle Arti e Problemi di Cultura, Roma 1982

M.G. ANGELI BERTINELLI, *I Romani oltre l'Eufrate nel II secolo d.C. (le province di Assiria, di Mesopotamia e di Osroene)* ANRW, vol. 2, n. 91, 1976, pp. 56-72

- *Traiano in Oriente: la conquista dell'Armenia, della Mesopotamia e dell'Assiria*, in *Trajano emperador de Roma*, Roma 2000, pp. 25-54

L'ANNEE EPIGRAPHIQUE, Revue des publications épigraphiques relatives à l'antiquité romaine, Paris 1889-1993

R. ARDEVAN, L. ZERBINI, *La Dacia romana*, Rubbettino, Soveria Mannelli 2007

M. BARATIN, B. COLOMBAT, L. HOLTZ (a cura di), *Priscien. Transmission et refondation de la grammaire, de l'antiquité aux modernes*, Brepols Publishers, Turnhout (Belgio) 2009

H. BARDON, *Les empereurs et les lettres latines*, Les Belles Lettres, Paris 1940

T. D. BARNES, *Trajan and the Jews*, "Journal of Jewish Studies", 40, 1989, pp. 145-162

P. S. BARTOLI, *Colonna Traiana, eretta dal Senato e Popolo Romano all'Imperatore Traiano Augusto nel suo foro in Roma. Scolpita con l'historie della guerra dacica, la prima e la seconda espeditione, e vittoria contro il re Decebalo. Nuovamente disegnata et intagliata da*

Pietro Santi Bartoli con l'espositione latina d'Alfonso Ciaccone, compendiata nella vulgare lingua sotto ciascuna immagine. Accresciuta di medaglie, inscrittioni e trofei da Gio. Pietro Bellori, Gio. Giacomo de Rossi, Roma 1672, in "Giornale de' letterati", 27 febbraio 1673, pp. 13-21

B. BASTIANETTO, *Una 'società' mista per le incisioni dalla colonna Traiana*, in G. SAPORI (a cura di), *Il mercato delle stampe a Roma: XVI-XIX secolo*, San Casciano (Firenze) 2008, pp. 21-37

G. BECATTI, *La Colonna Traiana, espressione somma del rilievo storico romano*, in "H. Temporini, W. Haase (a cura di), Aufstieg und Niedergang der römischen Welt", W. de Gruyter, Berlin 1982

G.G. BELLONI, *Le monete di Traiano: Catalogo del Civico Gabinetto numismatico*, Museo Archeologico, Milano 1973

G. BENDINELLI, *La Colonna Traiana*, Istituto Nazionale Luce – Istituto Italiano d'arti grafiche, Bergamo 1930

J. BENNETT, *Trajan. Optimus Princeps*, Routledge, London-New York 1997

L. BIANCHI, *Il trofeo di Adamclisi nel quadro dell'arte di stato romana*, "Rivista dell'Istituto Nazionale d Archeologia e Storia dell'Arte", 61, 2011, pp. 9-61

R. BIANCHI BANDINELLI, *Il Maestro delle imprese di Traiano*, Mondadori Electa, Milano 2003

T. BIRT, *Die buchrolle in der kunst*, Teubner, Leipzig 1907

G. BONFANTE, *Le Latin Ulpius et le nom osco-ombrien du loup*, "Latomus", 3, 1939, pp. 79-83

G. BRIZZI, *Guerre Partiche*, Corriere della Sera, Milano 2016

S. BUSSI, *Lusio Quieto; un "maghrebino" ai vertici dell'Impero*, in *L'Africa Romana. Mobilità delle persone e dei popoli, dinamiche migratorie, emigrazioni ed immigrazioni nelle province occidentali dell'Impero romano*, Atti del XVI Convegno di Studio, Carocci, Roma 2006, pp. 721-728

G. CALCANI (a cura di), *Apollodoro e la Colonna Traiana a Damasco*, L'Erma di Bretschneider, Roma 2003

F. CANTARELLI, *Le fonti per la storia dell'imperatore Traiano*, Tipografia Poliglotta, Roma 1895

A.M. CANTO, *I* Traii *betici. Novità sulla famiglia e le origini di Traiano*, in J. ALVAR, J.M. BLASQUEZ (a cura di), *Traiano*, L'Erma di Bretschneider, Roma 2010, pp. 27-64

G. CASCARINO, *L'esercito romano. Armamento e organizzazione* (4 voll.), Il Cerchio, Rimini 2007-2012

– Castra. Campi e fortezze dell'esercito romano, Il Cerchio, Rimini 2010

C. CICHORIUS, *Die reliefs der Traianssäule* (2 voll.), Verlag von Georg Reimer, Berlin 1896-1900

A. CHACÓN, *Historia utriusque belli Dacici a Traiano Caesare gesti*, ex Typographia Iacobi Mascardi, Romae 1616

- *Istoria nella quale si tratta esser vera la liberazione dell'anima di Traiano imperatore dalle pene dell'Inferno, per le preghiere di S. Gregorio papa*, Stamperia del Bonetto, Siena 1616

V. CHAPOT, *La frontière de l'Eufrate par Pompèe à la conquête arabe*, Albert Fontemoing Editeur, Paris 1907

F. COARELLI, *La Colonna Traiana*, Colombo, Roma 2001

- *La Colonna di Marco Aurelio*, Colombo, Roma 2008

M.A.R. COLLEDGE, *L'impero dei Parti*, Newton Compton, Roma 1979

(LA) COLONNA TRAIANA E GLI ARTISTI FRANCESI DA LUIGI XIV A NAPOLEONE I, Catalogo della Mostra a Villa Medici, 12 aprile - 12 giugno 1988, a cura dell'Accademia di Francia a Roma e del Comune di Roma, Edizioni Carte Segrete, Roma 1988

P. CONNOLLY, *Tiberius Claudius Maximus: the Cavalryman*, Oxford University Press, Oxford 1988

S.A. COOK, F.E. ADCOCK, M.P. CHARLESWORTH (a cura di), *Università di Cambridge – Storia antica*, XI, *La pace imperiale romana (70-192 d.C.)*, Garzanti, Milano 1967

J.M. CORTÉS COPETE, *Traiano, optimus princeps*, in J. ALVAR, J.M. BLASQUEZ (a cura di), *Traiano*, L'Erma di Bretschneider, Roma, pp. 305-3328

C. COPPOLA, *I* Parthica *di Arriano nella* Biblioteca *di Fozio*, "Studi in memoria di R. Cantarella", Università di Salerno, 1981, pp. 475-491

E. CORREA D'OLIVEIRA, *Roma imperiale ai tempi di Traiano*, Ceschina Editore, Milano 1940

I.H. CRIŞAN, *Burebista and His Times*, Editura Academiei Republicii Socialiste Romania, Bucureşti 1978

C. DAICOVICIU, *Fouilles et recherches à Sarmizegetusa*, in *Dacia*, I, 1924, pp. 224-263

H. DAICOVICIU, *Il tempio calendario dacico di Sarmizegetusa*, in *Dacia*, N. S., IV, 1960, pp. 231-254

C. e H. DAICOVICIU, *Columna lui Traian*, Editura Meridiane, Bucureşti, 1996

C. D'AMATO, *Optimum Princeps.la figura di Traiano fra storia e mito*, Ingegneria per la cultura, Roma 1999

A. DEGRASSI, *Fu Traiano a rinunciare alla Mesopotamia?*, "Revue Philologique", 64, 1936, pp. 410-411

W.C. DERMOTT, *Caesar's Projected Dacian-Parthian Expedition*, "Ancient Society", 13-14, 1982-1983, pp. 223-231

P. DESIDERI, *Dione di Prusa: un intellettuale greco nell'Impero Romano*, D'Anna, Messina-Firenze 1978

R. ÉTIENNE, *Les Ides de Mars: la fin de César ou de la dictature ?*, Gallimard/Julliard, Paris 1973

S. FACCINI, *Le* alae *dell'esercito romano in Dacia. Analisi storica e catalogo delle fonti epigrafiche, archeologiche e numismatiche*, Università degli Studi di Ferrara, aa.aa. 2007-2009

S. FERRI, *Nuovi documenti relativi al Trofeo di Traiano nella Mesia Inferiore*, "Annali della R. Scuola Normale Superiore di Pisa, 2, 1933, pp. 369-375

F. FESTA FARINA, *Tra Damasco e Roma. L'architettura di Apollodoro nella cultura classica*, L'Erma di Bretschneider, Roma 2001

S. GRASSI FIORENTINO, *Chácon, Alonso*, Dizionario Biografico degli Italiani, 24, Istituto dell'Enciclopedia Italiana Treccani, Roma 1980

F.B. FLORESCU, *Monumental de la Adamklissi Tropaeum Traiani*, Editura Academiei Republicii Populare Romine, Bucureşti 1959; 2ª ediz. 1961 (riveduta e arricchita con numerose illustrazioni, con bibliografia completa)

A. FREDIANI, *I grandi generali di Roma antica*, Newton Compton, Roma 2006

- *I grandi condottieri che hanno cambiato la Storia*, Newton Compton, Roma 2010

W. FROEHNER, *La Colonne Trajane*, Typographie Charles de Mourgues Frères, Paris 1865

A. GARZETTI, *Nerva*, Signorelli, Roma 1950

B. GIROTTI, *Ricerche sui Romana di Jordanes*, Pàtron Editore, Bologna 2006

T. GNOLI, *Da Traiano agli Antonini*, in *La Storia*, XI, *Dalla Pax Augusta alla crisi dell'Impero*, Corriere della Sera, Roma 2017 (su licenza della Salerno Editrice), pp. 131-164

J. GONZÁLEZ (a cura di), *Trajano emperador de Roma*, L'Erma di Bretschneider, Roma 2000

F. GROSSO, *M. Ulpio Traiano, governatore di Siria*, "Rendiconti dell'Istituto Lombardo: Classe di Lettere, Scienze morali e storiche", 91, 1957

J. GUEY, *Essai sur la guerre parthique de Trajan (114-117)*, Bibliothèque d'Istros, 2, Imprimerie Nationale, Bucarest, 1937

R.M. HANSLIK, *M. Ulpius Traianus*, in *Real-Encyclopädie der classischen Altertumswissenschaft*, suppl. X, Metzler, Stuttgart 1965, pp. 1032-1102

V.M. HOPE, *Trophies and Tombstones: commemorating the Roman Soldier*, "World Archaeology", 35/1, 2003, pp. 79-97

W. HORBURY, *Jewish War under Trajan and Hadrian*, Cambridge University Press, Cambridge 2014

W.W. HYDE, *Trajan's Danube Road and Bridge*, "The Classical Weekly", Vol. 18, No. 8 (Dec. 8, 1924), pp. 59-64

A. IORDANESCU, *L. Quietus*, "Biblioteque d'Istros", 3, Moniteur officiel et Imprimeries de l'État, Bucarest 1941

B. JORDAN, *Decebal*, Editura Cugetarea, Bucureşti 1938

C. DE LA BERGE, *Essai sur le règne de Trajan*, F. Vieweg, Libraire-Editeur, Paris 1877

S. LAURENTI, *Arte e naturalismo nell'età di Traiano*, Edup, Roma 2018

F.A. LEPPER, *Trajan's Parthian War*, Ozford University Press, Oxford 1948

- *Trajan's Column: a New Edition of the Cichorius Plates*, Alan Sutton, Gloucester-Wolfboro (New Hampshire) 1988

C. S. LIGHTFOOT, *Trajan's Parthian War and the Fourth-Century Perspective*, "Journal of Roman Studies", 80, 1990, pp. 115-126

R.P. LONGDEN, *Notes on the Parthian Campaigns of Trajan*, "Journal of the Roman Studies", 21, 1931, pp. 1-35

M. LŐRINCZI, *Le scene finali delle due guerre daciche raffigurate sulla Colonna Traiana: i commentari di Alfonso Chacón (XVI secolo) e di Wilhelm Froehner, John Hungerford Pollen, Conrad Cichorius (XIX secolo)*, <http://cisadu2.let.uniroma1.it/air/docs/interventi/Chacon-Colonna-Traiana.pdf> 6 agosto 2010

M. LUNI, *L'Arco di Traiano in Ancona e la riscoperta del Rinascimento*, in *Scritti di antichità in memoria di Sandro Stucchi: La Tripolitania, l'Italia et l'Occidente*, L'Erma di Bretschneider, Roma 1992

- *L'Arco di Traiano e la riscoperta nel Rinascimento*, in "Studi Miscellanei", II, a cura del Dipartimento di Scienze Storiche ed Archeologiche dell'Università di Roma "La Sapienza", L'Erma di Bretschneider, Roma 1996

L. MĂRGHITAN, *Decebal*, Editura Militară, Bucureşti 1987

A. MARICQ, *La province d' 'Assyrie' créée par Trajan. A propos de la guerre parthique de Trajan*, « Syria » 36, 1959, pp. 254-63 (riproposto in « Classica et Orientalia », Paris, 1965, pp. 103-111)

F. MASI, *Traiano, il principe che portò l'Impero Romano alla massima espansione*, International EILES, Roma 1993

S.P. MATTERN, *Rome and the enemy: imperial strategy in the principate*, University of California Press, Berkeley (California)

W.C. MCDERMOTT, *Caesar's Projected Dacian-Parthian Expedition*, "Ancient Society", 13/14, 1982/1983, pp. 223-231

G. MIGLIORATI, *Cassio Dione e l'impero romano da Nerva ad Antonino Pio – alla luce dei nuovi documenti*, Vita e Pensiero, Milano 2003

R. Meneghini, *I Fori Imperiali e i Mercati di Traiano*, Libreria dello Stato - Istituto Poligrafico e Zecca dello Stato, Roma 2009

P. Messia, *Vite di tutti gl'Imperadori romani*, da M.L Dolce nuovamente tradotte e ampliate (senza editore), Venezia 1599

F.Millar, *The roman near east - 31 BC / AD 337*, Harvard 1993

Napoleone I Bonaparte, *Le guerre di Cesare*, a cura di A. Paradiso, introduzione di L. Canfora, Salerno Editrice, Roma 2005[2]

D. Nardoni, *La colonna Ulpia Traiana*, Edizioni Italiane di Letteratura e Scienze, Roma 1986

A. Normand, C. Normand, *La colonne Vendôme*, « Bulletin de la Société des amis des monuments parisiens », t. 11, 1897, pp. 128-149

M. Pallottino e al., *La Colonna di Marco Aurelio* (Studi e materiali del Museo dell'Impero Romano, n. 5), L'Erma di Bretschneider, Roma 1955

E. Panaitescu, *Il ritratto di Decebalo*, in *Ephemeris Daco-Romana*, I (1923), p. 387

R. Paribeni, *Optimum Princeps. Saggio sulla storia e sui tempi dell'imperatore Traiano* (2 voll.), Casa Editrice G. Principato, Messina 1926-1927

- *Traiano*, Istituto di Studi Romani, Roma 1941 - XIX

L. Pareti, *Storia di Roma e del mondo romano* (6 voll.), Utet, Torino 1952-1961

G. Paris, *La légende de Trajan*, « Bibliothèque de l'école des hautes études, sciences philologiques et historiques » 35, 1878, pp. 261 - 298

C. Parisi Presicce, M. Milella, S. Pastor (a cura di), *Traiano. Costruire l'Impero, creare l'Europa*, Catalogo della Mostra (Roma 29 novembre 2017- 6 settembre 2018), De Luca Editori d'Arte, Roma 2018

C.C. Petolescu, *Decebal, regele dacilor*, Editura Academiei Române, Bucureşti 1991

G.B. Pighi (a cura di), *Lettere latine d'un soldato di Traiano*, nuova edizione critica e commento con la traduzione latina di PMich 465-466. 473-481. 485-487, Zanichelli, Bologna 1964

E. Poenaru, *La Colonna di Traiano e Decebalo*, Editrice Nagard, Milano 1987

L. Polverini, *Traiano e l'apogeo dell'impero*, in "Hispania terris omnibus felicior. Premesse ed esiti di un processo di integrazione", Atti Convegno Internazionale, Cividale del Friuli, 27-29 settembre, a cura di G. Urso, Pisa 2002, pp. 303-313

M. Pomponi, *La Colonna Traiana nelle incisioni di P. S. Bartoli: contributi allo studio del monumento nel XVII secolo*, "Rivista dell'Istituto nazionale d'archeologia e storia dell'arte", s. III, XIV - XV, 1991-1992, pp. 347 - 378

G.A. Popescu (a cura di), *Traiano: ai confini dell'Impero*, Mondadori Electa, Milano 1998

M. Pucci, *La rivolta ebraica al tempo di Traiano*, Giardini, Pisa 1981

B. Rankov, *Singulares Legati Legionis: A problem in the interpretation of the Ti. Claudius Maximus inscription from Philippi*, in *Zeitschrift für Papyrologie und Epigraphik*, vol. 80, Dr. Rudolf Habel GmbH, Bonn 1990, pp. 165-175

H.G. Rawlinson, *Parthia*, T. Fisher Unwin, London 1893

F. Reggio, M. Rizzotto, *Quando i Greci si chiamavano Yona. L'*hapax *indo-greco dalle origini all'*akmè *con Menandro Soter. Riflessioni storiche, sociologiche e giuridico-politiche*, "Calumet", 2020, pp. 1-56

H.S. Reimarus (a cura di), *Dionis Cassii Historiae Romanae libri LXI-LXXX*, in Libraria Kuehniana, Lipsiae 1824

G. Reychersdorff, *Chorographiae Transylvaniae, quae olim Dacia appellata*, excudebat Aegidius Aquila in Curia divae Annae, Viennae 1550

J. Richards, *Il Console di Dio. La vita e i tempi di Gregorio Magno*, Sansoni, Firenze 1984

R.T. Ridley, *The fate of an architect: Apollodoros of Damascus*, "Athenaeum", 67, 1989, pp. 551-566

M. Rizzotto, *Traiano in India?*, "Pubblicazioni dell'Istituto Comprensivo "Dante Alighieri" di Cologna Veneta", IV/2, 2019/2020

L. Rossi, *Rotocalchi di pietra*, Jaca Book, Milano 1980

- *A Synoptic Outlook of Adamklissi Metopes and Trajan's Column Frieze. Factual and Fanciful Topics Revisited*, "Athenaeum", 85, 1997, pp. 471–486

M. ROTILI, *L'arco di Traiano a Benevento*, Istituto Poligrafico dello Stato, Roma 1972

E. RUIZ, *Los años romanos de P. Chacón. Vida y obras*, in "Cuadernos de filolologia clássica" 10, 1976, pp. 189-247

I. RUSSU, *Getica lui Statilius Crito*, "Studii Clasice", 14, 1972, pp. 111-128

M. SAMPETRU, *Tropaeum Traiani II. Monumentele romane*, Academiei Republicii Socialiste România, , Bucureşti 1984

J. ŠAŠEL, *Trajan's Canal at the Iron Gate*, "The Journal of Roman Studies", 63, 1973, pp. 80-85

M.B. SAVO, *Tito Statilio Critone: medico letterato e storico delle guerre daciche*, pp. 499-540, 2009

D. SCAGLIARINI CORLÀITA, *Per un catalogo delle opere di Apollodoro di Damasco, architetto di Traiano*, "Ocnus", 1, 1993, pp. 185-193

E. SCHÜRER, *Storia del popolo giudaico ai tempi di Gesù Cristo (175 a.C. – 135 d.C.)* (3 voll. in 4 tomi), Paideia, Brescia 2009

M. SERBAN, *Trajan's Bridge over the Danube*, "The International Journal of Nautical Archaeology", 38, 2, 2009, pp. 331–342

S. SETTIS (a cura di), *La Colonna Traiana*, Einaudi, Torino 1988

R.M. SHELDON, *Le guerre di Roma contro i Parti*, Goriziana Editrice, Gorizia 2018

H. SIEGERT, *I Traci*, Garzanti, Milano 1983

V.A. SIRAGO, *L'Italia agraria sotto Traiano*, Liguori, Napoli 1991

- *Da Brindisi al Danubio: itinerario di Traiano nel 105*, in S. Santelia (a cura di), *Romanità orientale e Italia meridionale dall'Antichità al Medioevo. Paralleli storici e culturali*, Atti del II Convegno di Studi italo-romeno, Bari 19-22 ottobre 1998, Edipuglia, Bari 2000, pp. 135-146

W.M. SMALLWOOD, *Palestine ca AD 115-118*, "Historia", 11, 1962, pp. 500-510

P. SOUTHERN, *Domitian, tragic tyrant*, Indiana University Pres, London-New York 1997

M.P. SPEIDEL, *The Captor of Decebalus. A New Inscription from Philippi*, "Journal of Roman Studies", 60, 1970, pp. 142-152

G. STAFFA, *I grandi imperatori*, Newton Compton, Roma 2015

S. STUCCHI, *Intorno al viaggio di Traiano del 105 a.C.*, in *Röm. Mitt.*, 72, 1965, pp. 142-148

R. SYME, *Pliny and the Dacian Wars*, "Latomus", 33, 1964, pp. 7552-759

- *Tacito* (2 voll.), Paideia, Brescia 1967-1971

- *Antoninus Saturninus*, "Journal of Roman Studies", 68, 1978, pp. 12-21

P. TOSINI, *Girolamo Muziano*, in Dizionario Biografico degli Italiani, 77, Treccani, Roma 2012

V.A. TRONCOSO, *Le biblioteche di Roma ai tempi di Traiano*, in J. ALVAR, J.M. BLASQUEZ (a cura di), *Traiano*, L'Erma di Bretschneider, Roma 2010, pp. 211-230

C. TROYA, *Studii intorno agli Annali d'Italia del Muratori*, I, Tipografia degli Accattoncelli, Napoli 1869

D. TUDOR, *Decebal: regele erou al dacilor*, Editura Ştiinţifică, Bucureşti 1964

- *Decebal şi Traian*, Editura Ştiinţifică şi Enciclopedică, Bucureşti 1977

V. VASCHIDE, *Histoire de la conquête romaine de la Dacie et des corps d'armèe qui y ont pris part*, Libraire Emile Bouillon, Paris 1903

R. VULPE, *Capturarea surorii lui Decebal*, "Sargeţia", 4, pp. 75-96

- *Les Bures, alliés de Décébale dans la première guerre dacique de Trajan*, « Studii Clasice », 5, 1962, pp. 223-246

E.L. WHEELER, *Rome's Dacian Wars: Domitian, Trajan, and the Strategy on the Danube, Part I*, "The Journal of the Military History",74, 2010, pp. 1185-1227

R. WESTALL e F. BRENK, *The Second and Third Century*, in G. MARASCO (a cura di), *Political Autobiographies and Memoirs in Antiquity: A Brill Companion*, Brill, Leiden 2011, pp. 363-416

G. WHATLEY, *The uses of hagiography: the legend of pope Gregory and the emperor Trajan in the Middle Ages*, "Viator", 15, 1984, pp. 25-63

P. WILCOX, G. EMBLETON, *Rome's Enemies (1): Germanics and Dacians*, Osprey Publications, Oxford 1982

G. WYLIE, *How did Trajan succeed in subduing Parthia where Mark Antony failed?*, "Ancient History Bulletin", 4, 1990, pp. 37-43

G. ZECCHINI, *Traiano Postumo (con un'appendice su Adriano)*, in ID., *Ricerche di storiografia latina tardoantica*, L'Erma di Bretschneider, Roma 1993, pp. 127-145

L. ZERBINI, *L' ultima conquista*, Editori Riuniti, Roma 2006

- *Gli Italici nella Dacia romana*, Rubbettino, Soveria Mannelli, 2012

- *I personaggi che hanno fatto grande Roma antica*, Newton Compton, Roma 2013

- *Le guerre daciche*, Il Mulino, Bologna 2015

- *Traiano. Storia e segreti,* Newton Compton, Roma 2018

SOMMARIO